Antoine Albalat

L'art de la description en littérature

© 2024, Antoine Albalat (domaine public)
Édition: BoD • Books on Demand GmbH, In de Tarpen 42,
22848 Norderstedt (Allemagne)
Impression: Libri Plureos GmbH, Friedensallee 273,
22763 Hamburg (Allemagne)
ISBN: 978-2-3225-3262-9
Dépôt légal : Septembre 2024

Première partie[1]
De l'art de décrire.

L'art de décrire constitue, en quelque sorte, le fond même de la littérature. En vers ou en prose, dès qu'on tient une plume, on est appelé à décrire. C'est la qualité nécessaire par excellence, et c'est sur cette matière qu'on peut le plus fructueusement et pratiquement enseigner à avoir du style en littérature.

Tout homme qui écrit autre chose que de la philosophie doit être peintre et artiste, c'est-à-dire avoir un talent descriptif personnel.

La description est la peinture animée des objets. Elle n'énumère pas, elle fait plus qu'indiquer : elle peint. Elle ne se contente plus de caractériser ce qu'elle voit; elle le montre aux yeux, elle en trace le tableau. La description est un tableau qui rend les choses matérielles visibles. En un mot, le but de la description est de donner l'illusion de la vie. Sa raison d'être, son effort, son ambition, c'est de faire vivre, de rendre vivants, matériels et tangibles les détails, les situations, les êtres, tout ce qui est physique, principalement la nature. Ici, c'est l'imagination surtout qui est enjeu, une certaine force de résurrection qui évoque ce qu'on a vu ou qui crée ce qui n'existe pas.

La description est la pierre de touche du talent. C'est elle qui distingue les bons et les mauvais écrivains. Certains auteurs ont beau accumuler les détails, embellir leurs phrases, on ne voit rien-, on lit des mots, cela ne frappe pas. D'autres, avec quelques traits, sont des évocateurs admirables. C'est que les uns ne savent pas et que les autres savent décrire.

3

On peut savoir écrire et ne pas savoir décrire. Il y a de bons écrivains qui ne sont pas des descriptifs, comme Guez de Balzac.et Saint-Evremond, et d'autres qui sont uniquement descriptifs, comme Théophile Gautier.

La description doit être vivante. C'est son essence. Comme elle est l'art d'animer les objets inanimés, il s'ensuit que la description est presque toujours une peinture matérielle, une vision que l'on donne, une sensation qu'on impose, paysage ou portrait.

Nous laisserons de côté les conseils et les considérations superflues des Manuels de littérature. Il est sans profit d'enseigner « qu'il faut bien choisir l'objet qu'on veut peindre, le point de vue le plus favorable, le moment le plus avantageux, les circonstances, les contrastes, etc…». En outre, la connaissance de l'éthopée, prosopopée, l'hypotypose, etc..., n'enseigne ni à bien décrire ni à savoir ce que c'est qu'une bonne description. Laissons à d'autres le soin de diviser la description en « chorographie, topographie, prosopographie, éthopée ». Il ne manque pas de livres où l'on pourra se renseigner sur ces étiquettes stériles. Contentons-nous de retenir seulement deux divisions : la description proprement dite et le portrait, qui est une sorte de description réduite et de qualité particulière.

Donner l'illusion de la vie par l'image sensible et le détail matériel, voilà le but de la description. Plus les traits seront en relief, mieux on verra; plus vous serez près de la nature vraie, plus vous serez vivant. Donner l'apparence de la réalité à une chose fictive, c'est placer sous nos yeux la vision même de la nature, y suppléer par l'évocation, la rendre palpable et tangible.

Ce point est extrêmement important. Aucun Manuel, aucun enseignement littéraire ne songe à dire pourquoi une description est bonne et pourquoi elle est mauvaise.

Sachons-le une fois pour toutes et ne l'oublions plus, car tous les chefs-d'œuvre descriptifs sont là depuis- Homère, pour attester cette vérité :

Une description est bonne quand elle est vivante, et elle n'est vivante qu'à la condition d'être réelle, visible, matérielle, illusionnante.

La réalité et le relief, voilà les deux qualités principales, nécessaires, dominantes de la description.

Mais, va-t-on dire, c'est la description réaliste que vous nous prêchez?

Je réponds : il n'y a pas d'autre description que la description réaliste bien comprise.

A prendre le réalisme comme étiquette d'école, on peut le récuser, s'il représente les revendications d'un procédé sur un autre, le vrai dans son excès, le monopole de la laideur, le parti pris de ne montrer que ce qui est bas, violent, repoussant, écœurant. Il est alors aussi faux que l'école opposée, celle qui ne voudrait peindre que le romanesque, le convenu, le factice, le beau à outrance, l'héroïsme sans alliage, ce qui est irréel, hors nature, chimérique, pas observé.

Le vrai réalisme, celui des maîtres depuis Homère, n'est que le souci d'interpréter le vrai par le beau, la volonté impartiale de peindre le bon et l'honnête comme des choses aussi réelles que le laid ou le mauvais. Ce réalisme, qui sait voir les deux côtés de la vérité, le côté réel et le côté moral, doit .être considéré comme le but même de l'art d'écrire et la base éternelle des littératures. C'est cette confusion qui occasionne tant de malentendus.

Ce noble réalisme, but de l'art, pourrait être ainsi défini : Une méthode d'écrire consistant à donner l'illusion de la vie vraie, à l'aide de l'observation morale ou plastique. Ne voir de la vie et des choses que le côté désagréable ou laid, c'est réduire l'art, c'est fausser la réalité môme, qui en a d'agréables et de belles; c'est tomber dans le factice et le convenu. Le Réalisme est un procédé par lequel on doit traiter selon la réalité et conformément à la réalité, les choses que l'on veut peindre, quelles qu'elles soient.

La description surtout doit être réelle, vivante, vraie, matérielle et en relief. Pour cela, il faut, autant que possible, la faire d'après nature, tranchons le mot : il faut copier.

Nous l'avons dit : voulez-vous tracer un caractère? Prenez-le parmi ceux que vous connaissez. Voulez-vous peindre un portrait? Choisissez-le autour de vous. Mais c'est surtout en matière de description qu'il faut copier la nature.

Il s'agit de peindre un paysage. Si vous l'avez vu, si vous l'avez présent à la mémoire, cela peut suffire ; mais si vous ne l'avez pas vu, allez-y, décrivez-le surplace, notez ce qui vous frappe, l'évocation, le ton, la sensation, les détails. Il faudrait tout faire d'après nature. L'imagination n'est qu'une mémoire évocatrice.

On objecte : « Non, l'art n'est pas une copie, la description n'est pas une simple photographie. Si on ne choisit pas ce qu'il faut dire, si on ne transforme pas, si on ne transfigure pas les choses à travers sa sensibilité personnelle, le tableau sera inexpressif et manquera d'idéal. L'art est avant tout une interprétation. »

Il y a une confusion d'idées. Mettez-vous devant un paysage et décrivez-le. Il est impossible que vous fassiez de la pure et brutale photographie. Votre imagination est une lentille involontaire, à travers laquelle la chose vue ne peut passer sans se transformer, sans être interprétée, synthétisée, agrandie ou réduite, embellie ou attristée, commentée et présentée. Le cerveau humain n'est pas un appareil photographique et, le voudrait-il, il ne fera jamais de la photographie. Donc, lorsque nous disons : « Copiez vos descriptions, vos caractères, vos sujets, vos tableaux, vos portraits », que le manque d'interprétation ne vous préoccupe pas. Elle se produira seule et d'autant plus sûrement, que vous aurez mieux senti votre sujet. Pour le bien sentir, il faut le vivre, il faut le voir. Quand une description ne ressuscite pas matériellement les choses, c'est qu'elle n'a pas été vue ou que l'artiste n'a pas su voir. Avoir la vision et la montrer réelle, toute la force descriptive est là. Ne craignez pas de ne faire que de la ressemblance. C'est impossible, parce que l'âme humaine regarde avec son unité, c'est à dire avec sa sensibilité, son imagination et sa pensée.

Les peintres, avec leur palette et leur brosse, ne font-ils pas de même? Velasquez et Van Dyck sont-ils diminués pour avoir exécuté des portraits ? Ce qui s'en est allé de leurs toiles, ce qui ne nous frappe plus, c'est justement cette ressemblance qu'on suspecte. Vous les accusez de n'avoir cherché que cela, et c'est précisément ce qui a passé le plus vite. Ils ont fait des œuvres éternelles en copiant ce qui était fugitif. De même en littérature, c'est faire un portrait que de peindre un arbre, un paysage, un type, une figure, un pays. Reconstituer par le souvenir ce qu'on a observé, ou observer sur place ce qu'il faut peindre : il n'y a pas d'autre procédé à employer dans l'art de décrire.

Donc, faites vivre, faites voir ce que vous voulez peindre.

Voici une description qui n'est pas vue, qui ne montre rien, et qui est pourtant citée comme modèle dans les cours de littérature. C'est la description de la grotte de Calypso, prise dans Télémaque.

Cette grotte était taillée dans le roc, en voûtes pleines de rocailles et de coquilles; elle était tapissée d'une jeune vigne, qui étalait ses branches souples également de tous côtés. Les doux zéphyrs conservaient en ce lieu, malgré les ardeurs du soleil, une délicieuse fraîcheur.

Des fontaines, coulant avec un doux murmure sur des prés semés d'amarantes et de violettes, formaient en divers lieux des bains aussi purs et aussi clairs que le cristal; mille fleurs naissantes émaillaient les lapis verts dont la grotte était environnée. Là on trouvait un bois de ces arbres touffus qui portent des pommes d'or, et dont la fleur, qui se renouvelle dans toutes les saisons, répand le plus doux de tous les parfums ; ce bois semblait couronner ces belles prairies, et formait une nuit que les layons du soleil ne pouvaient percer : là on n'entendait jamais que le chant des oiseaux ou le bruit d'un ruisseau qui, se précipitant du haut d'un rocher, tombait à gros bouillons pleins d'écume, et s'enfuyait au travers de la prairie.

La grotte de la déesse était sur le penchant d'une colline. De là on découvrait la mer, quelquefois claire et unie comme une glace, quelquefois follement irritée contre les rochers, où elle se brisait en gémissant et élevant ses vagues comme des montagnes. D'un autre côté on voyait une rivière où se formaient des îles bordées de tilleuls fleuris et de hauts peupliers qui portaient leurs têtes superbes jusque dans les nues. Les divers canaux qui formaient ces îles semblaient se jouer dans la campagne : les uns roulaient leurs eaux claires avec rapidité; d'autres avaient une eau paisible et dormante; d'autres, par de longs détours, revenaient sur leurs pas, etc., etc...

(FÉNELON, Télémaque.*)*

Inutile d'aller plus loin. C'est le dernier mot de la banalité inexpressive, le type de la description fleurie, poétique, imaginée, où aucun détail n'est vivant, où rien ne frappe et rien ne tient. C'est la fadeur souriante d'un style incolore et limpide. On y trouve tout le «vieux jeu» qui, du reste, nous l'avons vu et nous le verrons encore, a persisté jusqu'à nous. Cette grotte « tapissée de vignes », et ces «fleurs qui émaillent les tapis verts», ces « doux zéphirs », ces « doux murmures », ces « doux parfums », ces « belles prairies », ce ruisseau « qui s'enfuit à travers la prairie », cette mer qu'on « découvre » et qui est « follement irritée contre les rochers », ces « îles » qui se « forment » , ce verbe formait répété quatre fois », ces «canaux » qui « roulent des eaux claires, paisibles et dormantes » et qui « reviennent sur leurs pas », tout cela ne fait rien voir, parce que cela n'est pas vu. C'est un paysage fait de chic, traité avec la généralité de formules en usage dans les collèges.

Voilà les morceaux qui passent pour bien écrits! Description comme peut en faire dans son cabinet un homme d'imagination ordinaire qui ne sent pas la nature.

C'est ce sens du vrai, du réel, de la vie observée, prise sur le fait et rendue telle quelle, qui fait la valeur des bonnes descriptions, comme on les trouve dans Homère, l'inimitable peintre, dans Théocrite, dans Virgile, et plus tard dans Bernardin de Saint-Pierre et surtout Chateaubriand, qui doit être considéré comme le père de la description dans la littérature de notre siècle.

H. Taine l'a très finement remarqué. « Quand Ménélas est blessé par une flèche, dit-il, Homère compare son corps blanc taché par le sang rouge à l'ivoire qu'une femme Carienne a trempé dans la pourpre... » Et après avoir cité la comparaison, il ajoute : « Cela est vu, vu comme par un peintre et par un sculpteur; Homère oublie la douleur, le danger, l'effet dramatique, tant il est frappé par la couleur et la forme... Flaubert et Gautier, qu'on trouve singuliers et novateurs, font aujourd'hui des descriptions toutes semblables... »

Toutes les belles descriptions en relief rappellent Homère. Les grands peintres littéraires, quels que soient leur école et leurs procédés, ont quelque chose d'Homère.

Chez tous les écrivains illustres, Dante, Virgile, Cervantès, Théocrite, Chateaubriand, les meilleurs traits descriptifs portent la marque d'Homère.

Or, la description dans Homère, c'est la vision parla couleur, la notation par la matérialité, l'observation brutale des détails visibles. La marque d'Homère, ce qui le caractérise, en dehors de son élévation morale, de son souffle épique et du sens qu'il a des choses de l'âme et de l'être intérieur, c'est qu'il est un photographe de la nature et des mouvements humains. Sa description, c'est l'analyse, la décomposition poussée jusqu'à la dernière limite d'un acte physique, d'un fait observé, d'un effet rapide; une transcription vraie des choses, non seulement sans intervention apparente de personnalité, mais avec un manque d'intention et une absence absolue d'embellissements. En d'autres termes, Homère est un réaliste de génie, un photographe impassible, qui détache et qui grossit, qui fait du bas relief, qui modèle et qui sculpte, plutôt qu'il ne peint.

Ce n'est pas ainsi qu'il nous apparaît dans toutes les traductions ; mais c'est ainsi q ' n artiste comme Leconte de Lisle a su nous le rendre, et c'est ainsi qu'on doit le classer.

Lisez cette rencontre, prise dans l'Iliade :

Idoménée frappa de sa pique Erymas dans la bouche, et la pique d'airain pénétra jusque dans la cervelle, en brisant les os blancs ; et toutes les dents furent ébranlées, et les deux yeux s'emplirent de sang, et le sang jaillit de la bouche et des narines, et le brouillard de la mort l'enveloppa.

En voici une autre :

Pènéléôs et Lykôn, s'attaquant, se manquèrent de leurs lances et combattirent avec leurs épées. Lykôn frappa le cône du casque à aigrette de crins, et l'épée se rompit; mais Pènéléôs le perça au cou, sous l'oreille, et l'épée y entra tout entière, et la tête fut suspendue à la peau, et Lykôn fut tué.

Patrocle attaque Thestor :

Et Thestôr était affaissé sur le siège du char, l'esprit troublé; les rênes lui étaient tombées des mains. Patroklos le frappa de sa lance à la joue droite, et l'airain passa à travers les dents, et, comme il le ramenait, il arracha l'homme du char. Ainsi un homme, assis au faîte d'un haut rocher qui avance, à l'aide de l'hameçon brillant et de la ligne, attire un grand poisson hors de la mer. Ainsi Patroklos enleva du char, à l'aide de sa lance éclatante, Thestôr, la bouche béante; et celui-ci, en tombant, rendit l'âme.

C'est partout le même procédé. On n'a qu'à lire au hasard l'Iliade ou l'Odyssée :

Il recula, ses genoux, appuya contre terre sa main robuste et rendit l'âme....

Il perça d'une flèche le pied droit de Diomède et, à travers le pied, la flèche s'enfonça en terre....

Comme il sautait de son char, il le perça sous le bouclier, au nombril, et le Troïen roula dans la poussière, saisissant la terre à pleines mains. Son âme s'échappa d'entre ses dents....

Patrocle lui mettant le pied sur la poitrine, il le perça de- sa lance, puis il retira sa lance, et les entrailles la suivirent....

Il fut frappé à la dernière vertèbre, et les deux muscles furent tranchés, et sa tête, sa bouche et ses narines touchèrent la terre avant ses genoux....

Il fut atteint au front, au-dessus du nez, et ses os crièrent, et ses yeux ensanglantés jaillirent à ses pieds dans la poussière....

Il tomba du haut du rempart, comme un plongeur.... La flèche lui entra dans le cou, et il tomba du char, et les chevaux reculèrent, secouant le char vide....

Il rendit l'âme, en mugissant comme un taureau.

Il tomba en hurlant, sur les genoux (blessé au ventre) et, courbé sur la terre, il retenait ses entrailles à pleines mains.

On voit le procédé : il consiste à peindre les choses physiquement et photographiquement.

Homère y est fidèle, non pas seulement dans la description des batailles, mais lorsqu'il peint la douleur d'Andromaque, la frayeur d'Astyanax devant le casque de son père, le vieux Priam dans la tente d'Achille, les voyages d'Ulysse, Charybde et Scylla, la rencontre de Nausicaa, les jeux et les courses qui finissent l' Iliade. En face d'un personnage ou en face de la nature, il décrit pour faire voir, et sa vision est matérielle.

Citons encore l'inoubliable description de la mort des prétendants dans l'Odyssée :

Il tira son épée aiguë à deux tranchants, et se rua sur Ulysse en criant horriblement. Mais Ulysse, le prévenant, lança une flèche et le perça dans la poitrine, auprès de la mamelle, et le trait rapide s'enfonça dans le foie; et l'épée tomba de sa main contre terre, et il tournoya près d'une table, dispersant les mets et les coupes pleines; et lui-même se renversa, en se tordant et en gémissant, et il frappa du front la terre, repoussant un escabeau de ses pieds, et l'obscurité se répandit sur ses yeux....

Il dirigea sa flèche contre Antinoos. Celui-ci allait soulever à deux mains une belle coupe d'or à deux anses, afin de boire du vin. Mais Ulysse le frappa de sa flèche à la gorge, et la pointe traversa le cou délicat. Il tomba à la renverse et la coupe s'échappa de sa main inerte, et un jet de sang sortit de sa narine, et il repoussa des pieds la table, et les mets roulèrent épars sur la terre. Et les autres, se levant en tumulte, regardaient de tous côtés sur les murs, cherchant à saisir les boucliers et les lances.

Homère nous montre la nuit qui arrive, en disant:

« Les chemins se remplirent d'ombre ». Pour exprimer qu'Ulysse regrettait sa patrie, il dit : « Il avait envie de revoir son pays et la fumée qui sort du toit natal ». S'il parle du bouclier d'Achille, vous l'avez sous les yeux : « Achille saisit son bouclier immense, d'où sortait une longue clarté comme celle de la lune, etc… »

Nous insistons sur cette nécessité de rendre les choses en relief, crûment, avec brutalité, parce que, si nos auteurs réalistes contemporains, comme Zola,

Goncourt, Flaubert, en ont abusé, on peut dire que c est ce qui manque le plus à ceux qui débutent dans l'art d'écrire, aux jeunes personnes qui essayent leur talent, à tous ceux qui sont ligotés de péri- ph rases, prisonniers de la rhétorique de collège, encore hésitants dans le style sans mouvement et sans audace.

Donc, pour bien décrire, c'est-à-dire pour donner la sensation de la nature, il faut faire d'après nature.

Deuxième partie[2]
Du style descriptif

Assimilation du style descriptif.

On peut classer le style, selon sa nature, en deux divisions qui renferment à peu près tous les genres :

1) Style descriptif, ou style de couleur ;

2) Style abstrait, ou style d'idées.

Le style descriptif suppose la couleur, le relief, l'imagination, l'image, la magie plastique des mots, la vie représentative et physique : description, tableau, observation, gestes, portraits, détails.

Le style abstrait vit surtout d'idées, d'intellectualité, de compréhension, de tours, de rapports, de nuances : histoire, philosophie, morale, métaphysique, maximes, critique, psychologie.

« H. Balzac, dit M. Georges Renard, distinguait deux classes d'écrivains : les écrivains d'idées, ceux qui s'adressent surtout à l'intelligence, recherchent le raisonnement serré, la langue vive, sèche et abstraite ; ils ont dominé chez nous au XVIIe siècle et au XVIIIe siècle ; les écrivains d'images, ceux qui tiennent à parler aux sens et veulent les frapper par l'évocation directe des choses visibles ; ces derniers ont abondé au XVIe siècle ; ils ont retrouvé un éclat éphémère sous la minorité de Louis XIV ; puis ils ont reparu avec le Romantisme et plus encore avec les écoles qui l'ont suivi. »

Ces deux styles n'ont rien d'incompatible entre eux. Il peut y avoir de la description et de la couleur en histoire, de même qu'on peut mettre de la psychologie abstraite dans un roman descriptif. Ce sont deux modes d'écrire distincts, mais qui se mêlent. *Paul et Virginie* est du style descriptif. *Grandeur et décadence des Romains* est du style d'idées. Stendhal avait un style abstrait. Chateaubriand eut par excellence le style de couleur et d'images. La description forme le fond même du style descriptif.

Nous avons déjà traité la description dans notre précédent ouvrage.

Nous ne reviendrons pas sur ce que nous avons dit. Nous considérerons ici la description, non comme une portion limitée d'un genre littéraire, mais comme une faculté générale, comme l'art même de décrire et de peindre.

Nous examinerons sommairement en quoi consiste cet art de décrire et de peindre ; chez quels auteurs il faut aller l'apprendre ; quels sont les écrivains descriptifs qu'on doit s'assimiler et quels sont ceux qu'il ne faut pas imiter. Nous donnerons à l'appui de notre enseignement des exemples rigoureux, impératifs, où le métier du style sera décomposé autant qu'il est possible.

Nous avons défini la description : *Un tableau qui rend visibles les choses matérielles.* En d'autres termes, la description est la peinture animée des objets.

Nous avons donné des conseils pour apprendre à voir les choses ; nous avons expliqué la tournure d'esprit qu'il faut avoir pour sentir et rendre saisissant ce qu'on veut peindre.

Il nous reste à montrer le profit d'assimilation qu'on peut retirer par l'imitation de l'art descriptif pris dans les auteurs anciens ou modernes.

De tout ce que nous avons dit résulte ce grand principe, qu'on devrait inscrire en grosses lettres dans les Manuels de littérature :

Pour être vivante, la description doit être matérielle.

« En poésie et en éloquence, dit Marmontel, la *description* ne se borne pas à caractériser son objet ; elle en présente le tableau dans ses détails les plus intéressants et avec les couleurs les plus vives. Si la *description* ne met pas son objet comme sous les yeux, elle n'est ni oratoire ni poétique : les bons historiens eux-mêmes, comme Tite-Live et Tacite, en ont fait des tableaux vivants ; et, soit qu'on parle du combat des Horaces ou du convoi de Germanicus, on dira qu'il est peint, comme on dira qu'il est décrit. »

Il faut donc que tous les détails soient peints, dessinés, de contour net. Pour cela ne craignez pas de les accuser et de les pousser. Demandez-vous ce que serait ce tableau, s'il était peint à l'huile, et tâchez de le décrire aussi crûment que si vous l'écriviez d'après cette peinture, qu'il s'agisse d'une scène animée ou d'une scène de nature, en gardant toujours, bien entendu, les gradations de plan et l'importance des perspectives, comme sur la toile.

« La description, dit Blair dans son très beau Cours de Rhétorique, est la grande épreuve de l'imagination d'un poète : c'est elle qui distingue un génie original d'un esprit du second ordre. Lorsqu'un écrivain d'un mérite médiocre essaie de décrire la nature, il la trouve épuisée par ceux qui l'ont précédé dans la même carrière. Il n'aperçoit rien de nouveau ou d'original dans l'objet qu'il veut peindre ; ses idées sont vagues et indécises, et par conséquent sa diction faible et sans coloris. Il prodigue *des mots plutôt que des pensées* ; nous reconnaissons bien, il est vrai, le langage de la description poétique, mais nous ne concevons pas clairement ce qu'il décrit : au lieu qu'un vrai poète nous fait croire que nous avons *l'objet sous nos yeux* ; il en saisit les traits distinctifs ; il lui donne les couleurs de la vie et de la réalité ; il le place dans son vrai jour, *en sorte qu'un peintre pourrait le copier d'après lui.* Cet heureux talent est dû surtout à une imagination puissante, qui reçoit d'abord une vive impression de l'objet ; puis, en employant un choix convenable de circonstances pour le décrire, transmet cette impression dans toute sa force à l'imagination des autres. »

Le maître immortel de la description matérielle, c'est Homère. C'est chez lui qu'il faut aller s'assimiler l'art de peindre fortement. C'est dans Homère qu'on trouve le germe de tous les procédés d'évocation en relief, de sensations physiques, de vision immédiate employés après lui et exploités par les grands poètes, comme Virgile, et plus tard par Bernardin de Saint-Pierre, par Chateaubriand.

L'*Iliade* et l'Odyssée doivent donc être les livres de chevet de tous ceux qui veulent se former un style descriptif.

La marque de la description homérique, c'est la sobriété dans le détail, et le trait matériel dessiné, appuyé, toujours réaliste. Homère n'est pas un réaliste d'intention. Il est réaliste parce qu'il est observateur impitoyable, et qu'il voit par la matérialité les hommes et les choses. L'aspect physique le préoccupe constamment. C'est son génie. L'Iliade est une série de carnages. Homère ne recule devant aucun détail. Il nous précise les moindres blessures :

Il le frappa sous le sourcil, au fond de l'œil, d'où la pupille fut arrachée. Et la lance, *traversant l'œil, passa derrière la tête*, et Ilioneus, les mains étendues, tomba. Puis, Pénéléôs, tirant de la gaîne son épée aiguë, coupa la tête, qui roula sur la terre avec le casque, *la forte lance encore fixée dans l'œil*.

Et ailleurs :

Et Harpanon, évitant la mort, se réfugia dans la foule de ses compagnons, *regardant de tous côtés pour ne pas être frappé de l'airain*. Et, comme il fuyait, Mèrionès lui lança une flèche d'airain, et il le perça à la cuisse droite, et la flèche pénétra, sous l'os, *jusque dans la vessie*. Et il tomba entre les bras de ses chers compagnons, rendant l'âme. Il *gisait comme un ver sur la terre*, et son sang noir coulait, baignant la terre.

Homère se complaît à rendre l'attitude humaine exactement prise sur le vif :

Comme Adamas *fuyait la mort dans les rangs de ses compagnons*, Mèrionès, le poursuivant, le perça *entre le bas-ventre et le nombril*, là où une plaie est mortelle pour les hommes lamentables. C'est là qu'il enfonça sa lance, et Adamas tomba *palpitant sous le coup*, comme un taureau dompté par la force des liens, que des bouviers ont mené sur les montagnes. Ainsi Adamas blessé palpita, mais peu de temps, car le héros Mèrionès arracha la lance de la plaie, et les ténèbres se répandirent sur les yeux du Troyen.

Parfois le tableau est du pur bas-relief où tout est en saillie. Le moindre geste du mécanisme humain est noté, qu'on me passe le mot, photographiquement :

Et il frappa d'abord Pronoos, de sa pique éclatante, dans la poitrine découverte par le bouclier. Et les forces du Troyen furent rompues, et il *retentit en tombant*. Et il attaqua Thestôr, fils d'Enops. Et Thestôr était *affaissé sur le siège* du char, l'esprit troublé ; et les rênes *lui étaient tombées des mains*. Patroklos le frappa de sa lance à la joue droite, et l'airain passa *à travers les dents*, et comme il le ramenait, *il arracha l'homme du char*. Ainsi un homme, assis au faîte d'un haut rocher qui avance, à l'aide de l'hameçon brillant et de la ligne, attire un grand poisson hors de la mer. Ainsi Patroklos enleva du char, à l'aide de sa lance éclatante, Thestôr, *la bouche béante* ; et celui-ci, en tombant, rendit l'âme. Puis il frappa d'une pierre dans la tête Eryalos, qui s'élançait, et dont la tête *s'ouvrit en deux*, sous le casque solide, et qui tomba et rendit l'âme, enveloppé par la mort.

Homère parle quelque part d'un homme qui reçoit par derrière un coup mortel et qui « tombe sur ses genoux en beuglant comme un taureau ». Un autre a le ventre ouvert, et tombe « en saisissant ses entrailles à pleines mains ».

D'un autre, il dit :

Il frappa du fouet éclatant les chevaux aux belles crinières ; et, sous le fouet, ceux-ci entraînèrent rapidement le char entre les Troyens et les Akhaiens, *écrasant les cadavres et les armes.* Et les jantes et les moyeux des roues *étaient aspergés du sang qui jaillissait* sous les sabots des chevaux.

Ce réalisme, que n'a pas su imiter Fénelon, mais dont Chateaubriand a en partie hérité et que Flaubert a exagéré dans *Salammbô*, ce réalisme qui n'est que le don de voir et de peindre, ne quitte jamais Homère.

Il est partout fidèle à ce procédé matériel, dans les descriptions et dans les comparaisons.

Le sens qu'Homère avait de la nature et de la vie physique atteint des largeurs de peinture admirables » :

La mer inondait la plage jusqu'aux tentes et aux nefs, et les deux peuples se heurtaient avec une grande clameur ; mais ni l'eau de la mer qui roule sur le rivage, poussée par le souffle furieux de Borée, ni le crépitement d'un vaste incendie qui brûle une forêt, dans les gorges des montagnes, ni le vent qui rugit dans les grands chênes, ne sont aussi terribles que n'était immense la clameur des Akhaiens et des Troyens, se ruant les uns sur les autres.

Homère n'est pas seulement peintre de détails réalistes dans les sujets de carnages. Il a les mêmes procédés descriptifs dans les sujets idéalistes, comme dans les adieux d'Hector et d'Andromaque, où le geste du petit Astyanax est si gracieusement pris sur nature.

Du haut des remparts, Andromaque voit le cadavre de son mari Hector traîné par les chevaux d'Achille.

Alors, une nuit noire couvrit ses yeux, et elle tomba à la renverse, inanimée. Et tous les riches ornements se détachèrent de sa tête, la bandelette, le nœud, le réseau, et le voile que lui avait donné Aphrodite d'or, le jour où Hektôr au casque mouvant l'avait emmenée de la demeure d'Eétiôn, après lui avoir donné une grande dot. Et les sœurs et les belles-sœurs de Hektôr l'entouraient et la soutenaient dans leurs bras, tandis qu'elle respirait à peine.

Tout le poème de l'*Odyssée* est écrit avec les mêmes procédés, bien que les tableaux domestiques, de nuances et de repos, dominent le récit.

La description d'Homère n'est pas seulement vivante et matérielle ; elle est aussi, elle est surtout *circonstanciée*, particularisée, spécialisée. Les détails ne se rapportent qu'à ce qu'il décrit ; ils concourent au but et n'existeraient pas sans cela. Ulysse lutte contre la tempête. La description qu'en donne Homère n'est faite que pour montrer les efforts et le péril d'Ulysse. Pas de hors-d'œuvre, point de digression ; jamais de description générale, de description lieu-commun, par accumulation et par amplification, dont nous parlerons ci-après.

« C'est dans le choix des circonstances, dit le critique Blair, que consiste le grand art des descriptions pittoresques. D'abord il faut que les circonstances ne soient pas communes et vulgaires, telles qu'elles ne méritent point d'être remarquées : elles doivent, autant qu'il est possible, être *neuves et originales*, capables d'attacher l'esprit et d'exciter l'attention. En second lieu, elles doivent caractériser l'objet décrit, et le peindre fortement. En troisième lieu, toutes les circonstances employées doivent être en harmonie ; c'est-à-dire que, lorsque nous décrivons un objet important, toutes les circonstances que nous présentons aux spectateurs doivent contribuer à l'agrandir. Enfin les circonstances d'une description doivent être exprimées avec concision et simplicité ; car lorsqu'elles sont ou trop exagérées, ou trop développées et trop étendues, elles ne manquent jamais d'affaiblir l'impression qu'elles devraient produire. La brièveté contribue presque toujours à la vivacité. Ces règles générales seront mieux éclaircies par des preuves puisées dans des exemples particuliers. »

Particulariser la description par le choix des circonstances, c'est créer l'individualité même de cette description ; et Blair a raison d'ajouter que cette démonstration ne peut se faire que par des exemples.

Voici par quels détails circonstanciés Homère peint le meurtre du premier prétendant, assis à table avec les autres. Ulysse le vise, du seuil de la porte ; dirigea la flèche amère contre Antinoos. Et celui-ci allait soulever à deux mains une belle coupe d'or à deux anses, afin de boire du vin, et la mort n'était point présente à son esprit. Et, en effet, qui eût pensé qu'un homme, seul au milieu de convives nombreux, eût osé, quelle que fût sa force, lui envoyer la mort ? Mais Ulysse le frappa de sa flèche à la gorge, et *la pointe traversa le cou délicat*. Il tomba à la renverse, et *la coupe s'échappa de sa main inerte*, et un jet de sang sortit de sa narine, et il *repoussa des pieds la table*, et les mets roulèrent épars sur la terre, et le pain et la chair rôtie furent souillés. Les prétendants frémirent dans la demeure, quand ils virent l'homme tomber. Et, se levant en tumulte de leurs sièges, *ils regardaient de tous côtés sur les murs sculptés, cherchant à saisir des boucliers et des lances*.

Tous les détails frappent, non seulement parce qu'ils sont matériels, mais parce qu'ils s'identifient avec le sujet, parce qu'ils ne conviennent qu'à ce sujet et qu'ils font corps avec le récit. Le prétendant va boire et ne pense point à la mort. Personne n'y pouvait penser, *puisque* Ulysse n'est pas reconnu et passe pour un mendiant. Le prétendant tombe à la renverse par la violence du coup et par sa position d'homme qui va boire en tenant une coupe à deux mains. Homère ne nous dit pas qu'il tomba *baigné dans son sang*, comme auraient dit vaguement Fénelon, Florian, Raynal ou Saint-Lambert. Il nous dit : « Un jet de sang sortit de sa narine ». On rend le sang *par le nez* : voilà qui est circonstancié. Il « repousse la table du pied », même procédé. « S'agitant ou se raidissant dans des convulsions » eût été de la description générale et non circonstanciée. Il y a bien des façons, en effet, d'avoir des « convulsions », comme il y a bien des façons d'être « baigné dans son sang ». Il fallait particulariser le détail. Homère n'y manque pas : « Il repousse la table du pied. » Les prétendants « frémissent, ils se lèvent *en tumulte de leurs sièges* et regardent de tous côtés sur les murs, cherchant à saisir les boucliers et les lances ». Ce dernier trait peint tout. C'est le mouvement vrai, le premier mouvement. Ils ont suspendu leurs armes pour se mettre à table. Ils n'ont qu'une pensée : les reprendre.

Les circonstances seules font la force d'une description. Quelques traits bien circonstanciés suffisent à donner l'intensité et la vie. Voici, sous ce rapport, une des plus belles descriptions d'Homère :

Ulysse et Nestor réveillent pendant la nuit les officiers et les soldats Grecs pour aller surveiller le camp ennemi.

Et ils se rendirent auprès de Diomède, et ils le virent *hors de sa tente* avec ses armes. Et ses compagnons dormaient *autour*, le *bouclier sous la tête*. Leurs lances étaient plantées droites, et *l'airain brillait* comme l'éclair. Et le héros dormait aussi, couché sur la peau d'un bœuf sauvage, un tapis splendide sous la tête...

Les chefs ne dormaient point et veillaient en armes avec Vigilance ; et le doux sommeil n'abaissait point leurs paupières pendant cette triste nuit ; mais ils étaient tournés du côté de la plaine, écoutant si les Troyens s'avançaient. »

Mais, de leur côté, les Troyens envoient un des leurs, Dolôn, pour surveiller à son tour le camp des Grecs.

Et Dolôn jeta aussitôt sur ses épaules un arc recourbé, se couvrit de la peau d'un loup, prit une lance.

Mais il est aperçu par Ulysse et son compagnon, qui le suivirent.

Dolôn les entendit et il s'arrêta inquiet. Il pensait dans son esprit que ses compagnons accouraient pour le rappeler par l'ordre d'Hector ; mais à une portée de trait environ, il reconnut des guerriers ennemis, et agitant ses jambes rapides, il prit la fuite, et les deux Argiens le poussaient avec autant de hâte... Et le robuste Diomède, agitant sa lance, parla ainsi : — Arrête ! ou je te frappe de ma lance, et je ne pense pas que tu évites longtemps de recevoir la dure mort de ma main. Il parla et fit partir sa lance, qui ne perça point le Troyen ; la pointe du trait *effleura seulement l'épaule droite et s'enfonça en terre.* Et Dolôn s'arrêta, plein de crainte, épouvanté, tremblant, pâle, et ses dents claquaient...

On lui fait grâce de la vie. Il renseigne les Troyens ; puis on se ravise : « Si on te fait grâce, lui dit Diomède, tu reviendras nous espionner. Si tu meurs, tu ne peux plus nous nuire. »

Il parla ainsi ; et, comme Dolôn le suppliait en lui *touchant la barbe de la main,* il le frappa brusquement de son épée *au milieu de la gorge,* et *trancha les deux muscles. Et le Troyen parlait encore, quand la tête tomba dans la poussière.*

C'est là certainement un des beaux passages descriptifs d'Homère, un de ceux qui portent le plus irréfutablement le caractère homérique. Il est regrettable que la critique érudite enseigne qu'il n'est pas d'Homère. Les raisons qu'elle en donne sont contestables. Ce qu'il y a de curieux, c'est que le trait final se retrouve dans l'*Odyssée*, à la fin du meurtre des prétendants : « Ayant ainsi parlé, il saisit à terre, de sa main vigoureuse, l'épée qu'Agélaos tué avait laissé tomber, et il frappa Léiôdès au milieu du cou, et, comme *celui-ci parlait encore, sa tête roula dans la poussière.* »

La Bruyère avait donc raison d'affirmer que « Moïse, *Homère*, Platon, Virgile, Horace ne sont au-dessus des autres écrivains que par leurs expressions et leurs images. Il faut exprimer le vrai pour écrire naturellement, fortement, délicatement... On ne saurait surpasser les anciens que par leur imitation ».

Nous n'avons pas la prétention de découvrir et de révéler le génie d'Homère. On a dit depuis des siècles qu'il était vivant, exact, animé, peintre admirable, grand observateur, etc. Mais on s'est trop contenté de nous le dire ; on ne nous l'a pas assez montré. L'intensité *matérielle* de la description homérique n'apparaît pas dans toutes les traductions. On ne la trouve que dans celle de Leconte de Lisle. Le goût classique a fait tout ce qu'il a pu pour noyer cette énergie dans le bon français incolore dont se servaient alors les traducteurs. Le meilleur des anciens traducteurs d'Homère, Mme Dacier, était une femme de grande érudition, qui entendait le grec mieux que personne ; mais sa conception du style élégant la condamnait à n'exprimer que le sens d'Homère, et à affaiblir *sa force descriptive, faite de réalité et de crudité.*

Sa traduction est écrite en style inorganique sans relief, sans image, sans couleur. C'est le *Télémaque* de l'art de traduire. Comment deviner la vie d'Homère derrière cette fadeur ? L'helléniste Émile Egger, qui s'y connaissait, a jugé cette traduction en quelques lignes.

« Toutes réflexions faites, dit-il, voici l'idée que cette savante dame nous donne de son travail : elle pense qu'il rappellera l'original grec à peu près comme le corps d'Hélène, embaumé et conservé à la manière des Égyptiens, rappellerait les divines beautés de cette princesse. Assurément on ne saurait être plus modeste. Cette comparaison peint fidèlement Mme Dacier, avec l'honnêteté de son caractère et l'insuffisance de son esprit. Mme Dacier savait fort bien le grec, mais elle avait peu de goût. »

Émile Egger cite des passages de cette traduction, qui rappellent le « Brutus dameret » de Boileau et qui montrent que Mme Dacier n'a jamais eu le sens de l'antiquité grecque. Elle écrivait tranquillement : « Tant de *rares qualités* l'avaient *fait rechercher* par le prince le plus brave et le *mieux fait* qui fût à Troie. »

« Ne croirait-on pas, dit Egger, lire quelque page de la *Clélie* ? Rien n'est moins épique, *rien n'est moins antique* que cette pompe de langage… Elle répand sur les personnages homériques je ne sais quelle teinte de fade élégance qui rappelle les romans de La Calprenède et de Mlle de Scudéry…

« Le défaut *capital* de cette traduction, conclut Egger, c'est je ne sais quelle *platitude bourgeoise*, qui ne ressemble pas mieux à la naïveté d'Homère que les fleurs du style romanesque ! »

« La Bible de Royaumont, le *Télémaque*, Rollin, l'Homère de Mme Dacier me paraissent aller bien ensemble pour la couleur », dit Sainte-Beuve, qui loue d'ailleurs avec indulgence la traductrice du XVIIe siècle !

« Qui n'a lu que Mme Dacier n'a point lu Homère », dit Voltaire, lequel ajoute après avoir critiqué ses infidélités et ses défigurations ; « Vous avez partout retranché ou ajouté, et ce n'est pas à moi de décider si vous avez bien ou mal fait. »

Dans un livre dont la préface contient une excellente appréciation des styles, Victor Hugo résume en ces termes ce qu'il faut penser des anciens traducteurs d'Homère :

« Mme Dacier a changé la simplicité d'Homère en platitude ; Lamotte-Houdard en sécheresse, et Bitaubé en fadaise. »

Il ne pouvait en être autrement avec les principes de traduction adoptés à cette époque. Pour André Dacier la traduction doit être une « imitation » large où l'on peut se permettre « des expressions et des images très différentes du texte », quoique semblables.

Quant à Mme Dacier, son but était de « donner à son siècle une traduction » d'Homère « qui, tout en conservant les principales beautés de ce grand poète, pût faire revenir les gens du monde de leur préjugé ».

Comment s'étonner qu'avec de pareilles idées on ait tant tardé à nous donner une traduction vraie d'Homère ?

« Dacier, dit Palissot, traduisait Homère laborieusement et pesamment, comme il eût traduit les aphorismes d'Hippocrate. »

« L'erreur, déclare Sainte-Beuve, c'était de croire qu'un poète dont l'expression est un tableau et une peinture continuelle, fût fidèlement rendu par une traduction tout occupée d'être suffisante, polie et élégante. »

Boileau le sentait bien, lorsqu'il disait, malgré ses éloges officiels décernés à Mme Dacier, que « si Homère était bien traduit, il ferait l'effet qu'il a toujours fait ».

La plupart des hellénistes professionnels nous ont donné des traductions exactes, mais sans style.

Taine a eu le courage d'expliquer pourquoi notre littérature classique s'est trouvée impuissante à bien traduire les Anciens. Ce qu'il dit vient à l'appui de nos théories précédentes sur l'évolution du style et de la langue.

« Ce style classique, dit Taine, est incapable de peindre ou d'enregistrer complètement les détails infinis et accidentés de l'expérience. Il se refuse à exprimer les *dehors physiques des choses*, la sensation directe du spectateur, les extrémités hautes et basses de la passion, la physionomie prodigieusement composée et absolument personnelle de l'*individu vivant*, bref, cet ensemble unique de traits innombrables, accordés et mobiles qui composent, non pas le caractère humain en général, mais tel caractère humain et qu'un Saint-Simon, un Balzac, un Shakespeare lui-même ne pourraient rendre, si le langage copieux qu'ils manient et que leurs témérités enrichissent encore ne venait prêter ses nuances aux détails multipliés de leur observation. Avec ce style (classique) on ne peut traduire ni la Bible, ni Homère, ni Dante, ni Shakespeare ; lisez le monologue d'Hamlet dans Voltaire et voyez ce qu'il en reste, une déclamation abstraite, à peu près ce qui reste d'*Othello* dans Orosmane. Regardez dans Homère, puis dans Fénelon, l'Ile de Calypso : l'île rocheuse, sauvage, où nichent « les mouettes et les autres oiseaux de mer aux longues ailes » devient dans la belle prose française un parc arrangé « pour le plaisir des yeux ».

« Il n'y a place dans cette langue que pour une portion de la vérité, portion exiguë et que l'épuration croissante rend tous les jours plus exiguë encore. Considéré en lui-même, le style classique court toujours risque de prendre pour matériaux des lieux communs minces et sans substance. »

Le reproche semble sévère, mais il est juste, bien qu'il n'ôte rien à la valeur de nos chefs-d'œuvre classiques.

Il faut lire, dans les notes de Voltaire sur Corneille, l'étroitesse de style qu'il impose aux écrivains français. *Tout à fait, rêver, songer, bas étage, à demain, le dehors, le dedans, divertir, subsister en cour, âme tout en feu, coups d'essai, coups de maître, avoir le dessus, brave homme, vous autres, donc, coutumière, métier, anciennement, de tous points, quitter la campagne, brouiller les images, supercherie, curée, humeur, gens, bourse, langue,* etc., autant d'expressions qu'il interdit d'employer dans le style noble.

En affirmant qu'on ne peut avec un pareil style traduire ni la Bible, ni Homère, ni Dante, ni Shakespeare, Taine ajoute en note, comme preuve d'oppositions :

« Comparez les traductions de la Bible par M. de Sacy et par Luther, celles d'Homère par Dacier, Bitaubé, etc., et par Leconte de Lisle. »

Dans son *Cours à l'École des beaux-arts*, Taine recommandait hautement la traduction Leconte de Lisle comme la meilleure.

Jusqu'alors, en effet, Homère n'avait été traduit que par des savants, par des hommes de cabinet : avec Leconte de Lisle, Homère est enfin traduit par un artiste. C'est Leconte de Lisle qui a rendu Homère lisible et l'a fait sortir de la légende d'ennui où on le reléguait.

On reproche à Leconte de Lisle sa recherche de termes archaïques, ses méprises de noms propres, sa dureté, sa crudité, ses contresens. On l'accuse d'avoir changé en rudesse l'inexprimable douceur du style homérique. Tout cela est vrai. Mais Mme Dacier et les autres n'ont rendu ni la vie intense ni la matérialité de la description homérique. Or, ce mérite, du moins, se trouve bien dans Leconte de Lisle, et c'est le fond même d'Homère, son caractère, son génie. Quant à sa langue, personne malheureusement n'en exprimera jamais la qualité incomparable. En tout cas, la fadeur de Mme Dacier défigurait Homère bien plus que la brutalité de Leconte de Lisle ; car, s'il y a dans Homère la noblesse, la délicatesse, la grandeur, la profondeur des caractères, le récit, l'âme, l'idéal, il y a aussi un réalisme, une crudité, une violence de peinture qui ont frappé tous les critiques, en tête desquels le précurseur Vico, qui insiste longuement sur le côté *barbare, brutal* et *sauvage* d'Homère.

« Ce style, dit-il, si fier et d'un effet si terrible, avec lequel Homère décrit dans *toute la variété de leurs accidents les plus sanglants combats*, avec lequel il diversifie de cent manières bizarres les tableaux de meurtre qui font la sublimité de l'Illiade. »

« A côté de l'élévation et de la dignité, dit Bonald, on retrouve fréquemment dans Homère la naïveté du premier âge et la familiarité grossière des premières mœurs. »

Non seulement Homère est un admirable réaliste ; mais il disparaît de son œuvre, il n'intervient pas, il est impassible. C'était, on le sait, la théorie favorite de Flaubert.

« Homère, dit Fénelon, met toute sa gloire à ne point paraître pour vous occuper des choses qu'il peint, comme un peintre songe à vous mettre devant les yeux les forêts, les montagnes, les rivières, les lointains, les bâtiments, les hommes, leurs aventures, leurs actions, leurs passions différentes, sans que vous puissiez remarquer les coups du pinceau… Platon assure qu'en écrivant on doit toujours se cacher, se faire oublier et ne produire que les choses et les personnes qu'on veut mettre devant les yeux du lecteur. »

L'imitation descriptive à travers les auteurs.

Ce qu'il faut donc imiter dans Homère, c'est la réalité, le détail vrai, le trait circonstancié, le mouvement vu, le geste, l'attitude prise sur nature, la matérialité des scènes et des êtres. On n'aura plus qu'à appliquer ensuite ce genre de peinture en relief aux choses modernes, à une bataille du XIXe siècle comme à un tableau de nature.

Posons en principe ce fait qu'il n'y a qu'une seule sorte de description : c'est la description homérique. « Tu imiteras les effets de la Nature, en toutes tes descriptions, suivant Homère. » Toutes les fois qu'un écrivain fait une bonne description, on peut dire qu'il fait de l'Homère, non pas exactement du vrai Homère (le filon est trop pur pour être transposé), mais du procédé homérique, reconnaissable en tant que manière.

Toutes les bonnes descriptions des bons écrivains rappellent la description homérique, que ces écrivains s'appellent Hésiode, Théocrite, Virgile, Bernardin de Saint-Pierre, Chateaubriand, Erckmann-Chatrian, Tourgueneff, Flaubert, Zola, Daudet, Paul et Victor Margueritte, Maupassant, Paul Adam, Jules Vallès, etc…

Tous ces écrivains s'engendrent les uns les autres. On le démontrerait jusqu'à l'évidence, en faisant l'histoire du procédé matériel dans la description.

Rappelez-vous les épisodes de bataille cités plus haut, et voyez si ces lignes n'en sortent pas directement :

Mérovée à son tour lance son angon, qui, par ses deux fers recourbés, s'engage dans le bouclier du Gaulois. Au même instant, le fils de Clodion bondit comme un léopard, met le pied sur le javelot, le presse de son poids, le fait descendre vers la terre et abaisse avec lui le bouclier de son ennemi. Ainsi forcé de se découvrir, l'infortuné Gaulois montre la tête. La hache de Mérovée part, siffle, vole, et s'enfonce dans le front du Gaulois comme la cognée dans la cime d'un pin. La tête du guerrier se partage, sa cervelle se répand des deux côtés, ses yeux roulent à terre, son corps reste encore un moment debout, étendant des mains convulsives, objet d'épouvante et de pitié.

(Chateaubriand, Les Martyrs, ch. vi.)

Et ceci encore :

On voyait les signaux du porte-étendard qui plantait le jalon des lignes, la course impétueuse du cavalier, les ondulations des soldats qui se nivelaient sous le cep du centurion. On entendait de toutes parts les grêles hennissements des coursiers, le cliquetis des chaînes, les sourds roulements des balistes et des catapultes, les pas réguliers de l'infanterie, la voix des chefs qui répétaient l'ordre, le bruit des piques qui s'élevaient et s'abaissaient au commandement des tribuns. Les Romains se formaient en bataille aux éclats de la trompette, de la corne et du lituus…

Ouvrons Flaubert maintenant :

Par-dessus la voix des capitaines, la sonnerie des clairons et le grincement des lyres, les boules de plomb et les amandes d'argile passant dans l'air, sifflaient, faisaient sauter les glaives des mains, la cervelle des crânes. Les blessés, s'abritant d'un bras sous leur bouclier, tendaient leur épée en appuyant le pommeau contre le sol, et d'autres, dans des mares de sang, se retournaient pour mordre les talons. La multitude était si compacte, la

31

poussière si épaisse, le tumulte si fort, qu'il était impossible de rien distinguer ; les lâches qui offrirent de se rendre ne furent même pas entendus. Quand les mains étaient vides, on s'étreignait corps à corps ; les poitrines craquaient contre les cuirasses, et des cadavres pendaient la tête en arrière, entre deux bras crispés.

Et encore ceci :

Les Barbares se ruèrent en foule compacte ; les éléphants se jetèrent au milieu, impétueusement. Les éperons de leur poitrail comme des proues de navires fendaient les cohortes ; elles refluaient à gros bouillons. Avec leurs trompes, ils étouffaient les hommes, ou bien les arrachant du sol, par-dessus leur tête ils les livraient aux soldats dans les tours ; avec leurs défenses, ils les éventraient, les lançaient en l'air, et de longues entrailles pendaient à leurs crocs d'ivoire comme des paquets de cordages à des mâts. Les Barbares tâchaient de leur crever les yeux, de leur couper les jarrets ; d'autres, se glissant sous leur ventre, y enfonçaient un glaive jusqu'à la garde et périssaient écrasés...

(G. Flaubert, *Salammbô*. Le Macar.)

N'est-ce pas là à la fois du Chateaubriand et de l'Homère ?

Appliquez maintenant ce procédé du détail matériel à des sujets modernes, et vous aurez transposé de l'Homère :

Nous entrâmes dans cette maison, dont la grande chambre en bas, toute sombre, parce qu'on avait blindé les fenêtres avec des sacs de terre, était déjà pleine de soldats. On apercevait dans le fond un escalier en bois, très roide, où le sang coulait ; des coups de fusils partaient d'en haut. Et leurs éclairs montraient, de seconde en seconde, cinq ou six des nôtres affaissés contre la rampe, les bras pendants, et les autres qui leur passaient sur le corps, la baïonnette en avant, pour forcer l'entrée de la soupente. C'était quelque chose d'horrible que tous ces hommes — avec leurs moustaches, leurs joues brunes, la fureur peinte dans les rides, — qui voulaient monter à toute force. En voyant cela, je ne sais quelle rage me prit, et je me mis à crier :

« En avant !... pas de quartier !... »

(Erckmann-Chatrian, Waterloo.)

Et ailleurs :

Lorsque j'arrivai derrière Zébedé, tout était encombré de morts et de blessés, les fenêtres en face avaient sauté, le sang avait éclaboussé les murs, il ne restait plus un Prussien debout, et cinq ou six des nôtres se tenaient adossés aux meubles en souriant et regardant d'un air féroce ; ils avaient presque tous des balles dans le corps ou des coups de baïonnette, mais le plaisir de la vengeance était plus fort que le mal. Quand je songe à cela, les cheveux m'en dressent sur la tête.

Je n'entendais pour ainsi dire plus. Le bruit devait être épouvantable, car la fusillade d'en bas et celle des fenêtres éclairait toute la rue, comme une flamme qui se promène. Nous avions renversé l'échelle, et nous étions encore six : deux sur le devant qui tiraient, quatre derrière qui chargeaient et leur passaient les fusils.

(Erckmann-Chatrian, Waterloo.)

On remplirait des volumes avec des citations de ce genre, prises dans Tolstoï (*La Guerre et la Paix*, et surtout *Le Siège de Sébastopol*), dans Émile Zola (*La Débâcle*), dans Paul et Victor Margueritte (*Le Désastre*), dans Paul Adam (*La Force*), dans Camille Lemonnier (*Les Charniers*), etc., etc.

Cette méthode de notation matérielle, notre littérature contemporaine l'a prise, soit directement dans Homère, soit de seconde main dans Chateaubriand, qui en a été le vulgarisateur de génie, pour une moitié de son œuvre.

Chateaubriand s'est formé par l'étude de Bernardin de Saint-Pierre. Il l'a lu toute sa vie et ne s'en cachait pas.

La description vivante et réelle appliquée au paysage est déjà dans Bernardin de Saint-Pierre (*Paul et Virginie* et le *Voyage à l'île de France*). On retrouve dans Bernardin, à qui J.-J. Rousseau avait transmis ce sens déjà coloré de la nature, le procédé descriptif de Chateaubriand et son vocabulaire d'écrivain tout entier.

Ne croirait-on pas lire une page de Chateaubriand en lisant ces lignes de *Paul et Virginie* :

Un de ces étés qui désolent de temps à autre les terres situées entre les tropiques, vint étendre ici ses ravages. C'était vers la fin de décembre, lorsque le soleil, au Capricorne, échauffe pendant trois semaines l'île de France de ses feux verticaux. Le vent du Sud, qui y règne presque toute l'année, n'y soufflait plus. De longs tourbillons restaient suspendus en l'air. La terre se fendait de toutes parts ; l'herbe était brûlée, des exhalaisons chaudes sortaient du flanc des montagnes, et la plupart de leurs ruisseaux étaient desséchés. Aucun nuage ne venait du côté de la mer. Seulement, pendant le jour, des vapeurs rousses s'élevaient de dessus les plaines, et paraissaient, au coucher du soleil, comme les flammes d'un incendie. La nuit même n'apportait aucun rafraîchissement à l'atmosphère embrasée. L'orbe de la lune, tout rouge, se levait dans un horizon embrumé, d'une grandeur démesurée. Les troupeaux, abattus sur les flancs des collines, le cou tendu vers le ciel, aspirant l'air, faisaient retentir les vallons de tristes gémissements. Le Cafre même qui les conduisait se couchait sur la terre pour y trouver de la fraîcheur : mais partout le sol était brûlant, et l'air étouffant retentissait du bourdonnement des insectes, qui cherchaient à se désaltérer dans le sang des hommes et des animaux.

Le paysage, dans Chateaubriand, comme dans Bernardin, c'est la nature rendue par la photographie homérique. Seulement l'auteur des *Mémoires d'Outre-Tombe* a traduit cette photographie avec une magnificence incomparable.

C'est pour cela que Chateaubriand est le roi de la description et, après Homère, l'auteur qu'il faut le plus étudier, celui dont l'assimilation sera le plus profitable. Il a la vie et la grandeur.

Lisez ce coucher de lune sur la mer :

Établie par Dieu gouvernante de l'abîme, la lune a ses nuages, ses vapeurs, ses rayons, ses ombres portées comme le soleil ; mais, comme lui, elle ne se retire pas solitaire : un cortège d'étoiles l'accompagne. A mesure que sur mon rivage natal elle descend au *bout* du ciel, elle *accroit* son silence qu'elle communique à la mer ; bientôt elle *tombe* à l'horizon, l'intersecte, ne montre plus que la moitié de son front qui s'assoupit, s'incline et disparaît dans *la molle intumescence des vagues*. Les astres voisins de leur reine, avant de plonger à sa suite, semblent s'arrêter, suspendus à la cime des flots. La lune n'est pas plutôt couchée, qu'un souffle venant du large brise l'image des constellations, comme on éteint les flambeaux après une solennité.

Cela, c'est le Chateaubriand idéaliste. Voici son réalisme, une peinture du club des Cordeliers sous la Révolution :

Les tableaux, les images sculptées ou peintes, les voiles, les rideaux du couvent avaient été arrachés ; la basilique écorchée, ne présentait plus aux yeux que ses ossements et ses arêtes. Au chevet de l'église, où le vent et la pluie entraient par les rosaces sans vitraux, des établis de menuisiers servaient de bureau au président, quand la séance se tenait dans l'église... Les métaphores des discours étaient prises du matériel des meurtres, empruntées des objets les plus sales de tous les genres de voirie et de fumier, ou tirées des lieux consacrés aux prostitutions des hommes et des femmes. Les gestes rendaient les images sensibles ; tout était appelé par son nom, avec le cynisme des chiens, dans une pompe obscène et impie de jurements et de blasphèmes. Détruire et produire, mort et génération, on ne démêlait que cela à travers l'argot sauvage dont les oreilles étaient assourdies. Les harangueurs, à la voie grêle ou tonnante, avaient d'autres interrupteurs que leurs opposants : les petites chouettes noires du cloître sans moines et du clocher sans cloches s'éjouissaient aux fenêtres brisées, en espoir du butin ; elles interrompaient les discours. On les rappelait d'abord à l'ordre par le tintamarre de l'impuissante sonnette ; mais ne cessant pas leur criaillement, on leur tirait des coups de fusil pour leur faire faire silence : elles tombaient, palpitantes, blessées et fatidiques, au milieu du Pandémonium. Des charpentes abattues, des bancs boiteux, des stalles démantibulées, des tronçons de saints roulés et poussés contre les murs, servaient de gradins aux spectateurs crottés, poudreux, soûls, suants, en carmagnole percée, la pique sur l'épaule ou les bras nus croisés.

L'étude de Chateaubriand peut remplacer celle de tous les écrivains de notre temps, parce qu'il les contient tous. On ne trouve plus dans ses *Mémoires d'Outre-Tombe* la grisaille de style fénelonienne, qui rend les *Natchez* si ennuyeux et fait des *Martyrs* un poème inégal et froid. Les *Mémoires* donnent la sensation de la réalité transfigurée par une imagination sublime. Ce livre a engendré toute notre littérature descriptive. Flaubert déclarait que cet ouvrage dépassait sa réputation. Alphonse Daudet n'en parlait qu'avec une émotion stupéfaite. Les frères de Goncourt en avaient fait leur livre de chevet.

Il n'y a pas seulement dans Chateaubriand la littérature de Flaubert,, d'où sont sortis nos romanciers contemporains. Il y a aussi le style de Théophile Gautier, de Paul de Saint-Victor, de Barbey d'Aurévilly. Chateaubriand va aussi loin dans le neuf, le pittoresque, le néologisme et l'écriture artiste que les Goncourt et Loti.

Connaissez-vous quelque chose de plus contemporain, de plus nouvelle école que cette description de la fin du jour dans les forêts d'Amérique :

Le soleil tomba derrière le rideau des arbres ; un rayon glissant à travers le dôme d'une futaie scintillait comme une escarboucle *enchâssée dans le feuillage sombre* ; la lumière, divergeant entre les troncs et les branches, projetait sur les gazons des colonnes croissantes et des arabesques mobiles. En bas, c'étaient des lilas, des azaléas, des lianes annelées aux gerbes gigantesques ; en haut, des nuages, les uns fixes, promontoires ou vieilles tours, les autres flottants, *fumées de rose ou cardées de soie*. On voyait dans ces nues s'entr'ouvrir des gueules de four, s'amonceler des tas de braise, couler des rivières de lave ; tout était éclatant, radieux, doré, opulent, saturé de lumière. A l'orient la lune *reposait* sur des collines lointaines ; à l'occident la voûte du ciel était fondue en une mer de diamants et de saphirs dans laquelle le soleil à demi plongé semblait se dissoudre. La terre, en adoration, semblait encenser le ciel, et l'ambre exhalé de son sein retombait sur elle en rosée comme la prière redescend sur celui qui prie... Je me reposai au bord d'un massif d'arbres : son obscurité, glacée de lumière, formait la pénombre où j'étais assis. Des mouches luisantes brillaient parmi les arbrisseaux encrêpés et s'éclipsaient lorsqu'elles passaient dans les irradiations de la lune. On entendait le bruit du flux et du reflux du lac, les sauts du poisson d'or, le cri rare de la cane plongeuse.

C'est par milliers qu'on pourrait citer des exemples de relief plastique aussi intense que les descriptions de Flaubert et que n'ont jamais dépassé les efforts de toute l'école réaliste contemporaine. S'il veut peindre l'aurore, Chateaubriand vous dira comme Flaubert ou Zola : « Une barre d'or se forma à l'Orient ». Il comparera le soleil couchant « dépouillé de ses rayons, à une meule de fer rougie », ou il dira simplement : « Son disque élargi s'enfonçait dans les flots. » Il a vu « la lumière dorée des étoiles trembler dans la mer », les « nuages *voler* dans le ciel sur la *face de la lune*, qui semblait courir rapidement ». Il vous montre l'orage d'un mot : « Les éclairs s'entortillent aux rochers ». Il remarque, avant le lever de la lune, « son aube qui s'épanouit par degrés devant elle ». Il nous décrit à la fin du jour les « clartés alenties du soleil sur les étangs », les « ombrelles des pins », les « montagnes cendrées de bleu ». Il distingue, la nuit, le « firmament répété dans les vagues et qui a l'air de *reposer* au fond de la mer, et par intervalles des brises passagères troublant dans la mer l'image du ciel ». Si des corneilles volent, ce qui le frappe, ce sont « leurs ailes noires et lustrées, *glacées de rose* par les premiers reflets du jour ». Il mentionne dans les *Mémoires d'Outre-Tombe* « les sons *veloutés* du cor, les sons *liquides* de l'harmonica, le nasillement d'une musette ». Il nous fait voir « l'horizon de la mer *intersectant la lune*, qui s'incline et disparaît dans la *molle intumescence des vagues* ». Il observe tantôt la mer « toute blanche de lumière » ; tantôt les « lames minces comme une gaze, se déroulant sur le sable sans bruit et sans écume ». En voyage, il n'oublie pas le *grignotement de la pluie sur la capote de sa voiture.* Il note « l'ombre mobile d'un jet d'eau à la clarté de la lune, les montagnes lointaines *lavées de bleu,* les hirondelles qui *s'enfoncent en criant dans les trous des murailles* ». Évoquant la tranquillité de la nuit au bord d'un lac, il dit : « L'azur du lac veillait derrière les feuillages. Une brise, passant et se retirant à travers les saules, s'accordait avec l'aller et le venir de la vague. » Se promenant à Rome, il « écoute le silence et regarde passer son ombre de portique en portique, le long des aqueducs éclairés par la lune ». Il aperçoit le Carmel comme « une tache ronde au-dessous des rayons du soleil ».

Chateaubriand s'est formé par l'assimilation de Bernardin de Saint-Pierre, en étendant, en repétrissant, en poussant la description de *Paul et Virginie,* des *Harmonies,* des *Études* et des *Voyages.* Sa filiation est reconnue par tous les critiques.

Ne croirait-on pas lire du Chateaubriand quand on ouvre cette page de Bernardin :

Le lieu de la scène était, pour l'ordinaire, au carrefour d'une forêt, dont les percés formaient autour de nous plusieurs arcades de feuillage. Nous étions, à leur centre, abrités de la chaleur pendant toute la journée ; mais quand le soleil était descendu à l'horizon, ses rayons, brisés par les troncs des arbres, divergeaient dans les ombres de la forêt en longues gerbes lumineuses qui produisaient le plus majestueux effet. Quelquefois son disque tout entier paraissait à l'extrémité d'une avenue, et la Tendait toute étincelante de lumière. Le feuillage des arbres, éclairé en dessous de ses rayons safranés, brillait des feux de la topaze et de l'émeraude. Leurs troncs moussus et bruns paraissaient changés en colonnes de bronze antique ; et les oiseaux déjà retirés en silence sous la sombre feuillée pour y passer la nuit, surpris de revoir une seconde aurore, saluaient tous à la fois l'astre du jour par mille et mille chansons. Les singes, habitants domiciliés de ces forêts, se jouent dans leurs sombres rameaux, dont ils se détachent par leur poil gris et verdâtre, et leur face toute noire ; quelques-uns s'y suspendent par la queue et se balancent en l'air ; d'autres sautent de branche en branche, portant leurs petits dans leurs bras. Jamais le fusil meurtrier n'y a effrayé ces paisibles enfants de la nature. On n'y entend que des cris de joie, des gazouillements et des ramages inconnus de quelques oiseaux des terres australes, que répètent au loin les échos de ces forêts. La rivière qui coule en bouillonnant sur un lit de roches, à travers les arbres, réfléchit çà et là dans ses eaux limpides leurs masses vénérables de verdure et d'ombre, ainsi que les jeux de leurs heureux habitants ; à mille pas de là, elle se précipite de différents étages de rocher, et forme, à sa chute, une nappe d'eau unie comme le cristal, qui se brise, en tombant, en bouillons d'écume. Mille bruits confus sortent de ces eaux tumultueuses ; et, dispersés par les vents dans la forêt, tantôt ils fuient au loin, tantôt ils se rapprochent tous à la fois, et assourdissent comme les sons des cloches d'une cathédrale. L'air, sans cesse renouvelé par le mouvement des eaux, entretient sur les bords de cette rivière, malgré les ardeurs de l'été, une verdure et une fraîcheur qu'on trouve rarement dans cette île, sur le haut même des montagnes.

Voici comment Chateaubriand peint le fleuve Meschacebé :

Ce dernier fleuve, dans un cours de plus de mille lieues, arrose une délicieuse contrée, que les habitants des États-Unis appellent le Nouvel Eden, et à laquelle les Français ont laissé le doux nom de Louisiane. Mille autres fleuves, tributaires du Meschacebé, le Missouri, rillinois, l'Arkanza, l'Ohio, le Wabache, le Tenase, l'engraissent de leur limon et la fertilisent de leurs eaux. Quand tous ces fleuves se sont gonflés des déluges de l'hiver, quand les tempêtes ont abattu des pans entiers de forêts, les arbres déracinés s'assemblent sur les sources. Bientôt la vase les cimente, les lianes les enchaînent, et des plantes, y prenant racine de toutes parts, achèvent de consolider ces débris. Charriés par les vagues écumantes, ils descendent au Meschacebé : le fleuve s'en empare, les pousse au golfe mexicain, les échoue sur des bancs de sable et accroît ainsi le nombre de ses embouchures. Par intervalles, il élève sa voix en passant sur les monts et répand ses eaux débordées autour des colonnades des forêts et des pyramides des tombeaux indiens ; c'est le Nil des déserts. Mais la grâce est toujours unie à la magnificence dans les scènes de la nature : tandis que le courant du milieu entraîne vers la mer les cadavres des pins et des chênes, on voit sur les deux courants latéraux remonter, le long des rivages, des Iles flottantes de pistia et de nénufar, dont les roses jaunes s'élèvent comme de petits pavillons. Des serpents verts, des hérons bleus, des flamants roses, de jeunes crocodiles, s'embarquent passagers sur ces vaisseaux de fleurs, et la colonie, déployant au vent ses voiles d'or, va aborder endormie dans quelque anse retirée du fleuve.

Les deux rives du Meschacebé présentent le tableau le plus extraordinaire. Sur le bord occidental, des savanes se déroulent à perte de vue ; leurs flots de verdure, en s'éloignant, semblent monter dans l'azur du ciel, où ils s'évanouissent. On voit dans ces prairies sans bornes errer à l'aventure des troupeaux de trois ou quatre buffles sauvages. Quelquefois un bison chargé d'années, fendant les flots à la nage, se vient coucher, parmi de hautes herbes, dans une île du Meschacebé. A son front orné de deux croissants, à sa barbe antique et limoneuse, vous le prendriez pour le dieu du fleuve, qui jette un œil satisfait sur la grandeur de ses ondes et la sauvage abondance de ses rives.

On retrouve les sources de cette inspiration dans Buffon :

Des fleuves d'une largeur immense, tels que l'Amazone, la Plata, l'Orénoque, roulant à grands flots leurs vagues écumantes, et se débordant en toute liberté, semblent menacer la terre d'un envahissement et faire effort pour l'occuper toute entière. Des eaux stagnantes et répandues près et loin de leur cours couvrent le limon vaseux qu'elles ont déposé, et ces vastes marécages, exhalant leurs vapeurs en brouillards fétides communiqueraient à l'air l'infection de la terre, si bientôt elles ne retombaient en pluies précipitées par les orages ou dispersées par les vents. Et ces plages, alternativement sèches et noyées » où la terre et l'eau semblent se disputer des possessions illimitées ; et ces broussailles de mangles jetées sur les confins indécis de ces deux éléments ne sont peuplées que d'animaux immondes qui pullulent dans ces repaires, cloaques de la nature, où tout retrace l'image des déjections monstrueuses de l'antique limon. Les énormes serpents tracent de larges sillons sur cette terre bourbeuse ; les crocodiles, les crapauds, les lézards et mille autres reptiles à larges pattes en pétrissent la fange ; des millions d'insectes enflés par la chaleur humide en soulèvent la vase ; et tout ce peuple impur, rampant sur le limon ou bourdonnant dans l'air qu'il obscurcit encore, toute cette vermine dont fourmille la terre attire de nombreuses cohortes d'oiseaux ravisseurs dont les cris confus, multipliés et mêlés aux coassements des reptiles, en troublant le silence de ces affreux déserts, semblent ajouter la crainte à l'horreur pour en écarter l'homme et en interdire l'entrée aux autres êtres sensibles : terres d'ailleurs impraticables, encore informes, et qui ne serviraient qu'à lui rappeler l'idée de ces temps voisins du premier chaos, où les éléments n'étaient pas séparés, où la terre et l'eau ne faisaient qu'une masse commune, et où les espèces vivantes n'avaient pas encore trouvé leur place dans les différents districts de la nature.

(Buffon, *Description du Kamichi*.)

C'est donc, parmi les Modernes, dans Chateaubriand, et surtout dans ses *Mémoires d'Outre-Tombe*, qu'il faut étudier la description vivante.

Après Chateaubriand, vient immédiatement Gustave Flaubert.

De même, Flaubert s'est formé par l'assimilation de Chateaubriand. L'auteur de *Salammbô* déclarait, vers la fin de sa vie, qu'il donnerait tous ses ouvrages pour deux lignes de Chateaubriand.

La préoccupation de peindre *réalistement*, quoique poétiquement, la nature est visible dans *Atala*, dans l'*Itinéraire* et surtout dans les *Mémoires d'Outre-Tombe* ; mais Chateaubriand n'est pas continuellement et exclusivement réaliste.

Flaubert, qui l'avait bien lu, et qui, à force d'admiration, s'était incarné en lui, comprit du premier coup le parti qu'on pouvait tirer de cet art d'écrire. Consciemment ou non, il devina qu'il pouvait en sortir une littérature nouvelle, comme on pressent l'école réaliste contemporaine lorsqu'on lit pour la première fois *Madame Bovary*.

C'est en comparant *Salammbô* et *Les Martyrs* qu'on peut apprécier la nouvelle méthode d'art inaugurée par Flaubert. Prenons au hasard un exemple. Dans la bataille des Francs et des Romains, Chateaubriand dit : « La hache de Mérovée s'enfonce dans le front du Gaulois ; la tête se partage ; sa cervelle se répand des deux côtés ; son corps reste encore un moment debout, étendant ses mains convulsives. » De pareilles phrases sont du Flaubert pur ; l'auteur de *Salammbô* les adoptera ; vous les retrouverez telles quelles, son réalisme n'ira pas plus loin. Seulement, ce relief et ce rendu, il les appliquera d'un bout à l'autre de son œuvre ; il rejettera l'ancienne comparaison classique, la périphrase grise qui ne montre rien et, au lieu de retomber dans la banalité imprécise et d'ajouter avec Chateaubriand : « Les cornes des taureaux portaient des lambeaux affreux », il écrira, lui, fidèle à son procédé réaliste, en parlant des éléphants : « De longues entrailles pendaient à leurs crocs d'ivoire, comme des paquets de cordages à des mâts ».

En d'autres termes, Flaubert a exploité le côté vital de Chateaubriand en se montrant réaliste partout et toujours. C'est son mérite et son défaut. Il a eu les qualités et le parti pris de ce système. En disant de Chateaubriand : « Quel homme c'eût été sans l'imitation de Fénelon ! » Flaubert, moins la grandeur du *style*, a essayé d'être ce que Chateaubriand n'a pas été. Lorsqu'on compare minutieusement Flaubert avec son illustre modèle, on reste confondu de voir pour ainsi dire à chaque page naître et se former la pensée et le style de Flaubert.

Cette imitation de Chateaubriand par Flaubert est un des meilleurs exemples de la création d'un talent par voie d'assimilation.

C'est ainsi que Flaubert s'est fait une originalité et a justifié son mot favori : « Le talent se transfuse toujours par infusion. » Cette originalité a été si féconde, qu'il peut être considéré comme le père de la moitié de notre littérature contemporaine. C'est de Chateaubriand d'abord, mais plus directement de Flaubert, que sont sortis, en effet, comme procédés descriptifs, A. Daudet, les Goncourt,

Maupassant, Zola, Loti, et même Ferdinand Fabre, Theunet et l'école réaliste atténuée.

On pourra s'en rendre compte en étudiant *Salammbô, Trois Contes*, la *Tentation de saint Antoine* et ce chef-d'œuvre de description qui s'appelle : *Par les champs et par les grèves*.

Voici, pour finir, un exemple topique de l'art avec lequel Flaubert savait pousser un procédé et surpasser son modèle en l'imitant :

Prenons la description de l'Extrême-Onction dans un roman de Sainte-Beuve.

Le prêtre fait les onctions sur le corps de la mourante :

A ces yeux d'abord, comme au plus noble et au plus vif des sens ; à ces yeux, pour ce qu'ils ont vu, regardé de trop tendre, de trop perfide en d'autres yeux, de trop mortel ; pour ce qu'ils ont lu et relu, d'attachant et de trop chéri ; pour ce qu'ils ont versé de vaines larmes sur les biens fragiles et sur les créatures infidèles, pour le sommeil qu'ils ont tant de fois oublié le soir en y songeant !

A l'ouïe aussi, pour ce qu'elle a entendu et s'est laissé dire de trop doux, de trop flatteur et enivrant ; pour ce suc que l'oreille dérobe lentement aux paroles trompeuses, pour ce qu'elle y boit de miel caché !

A cet odorat ensuite, pour les trop subtils et voluptueux parfums des soirs de printemps au fond des bois, pour les fleurs reçues le matin et tout le jour respirées avec tant de complaisance !

Aux lèvres, pour ce qu'elles ont prononcé de trop confus ou de trop avoué ; pour ce qu'elles n'ont pas répliqué en certains moments ou ce qu'elles n'ont pas révélé à certaines personnes ; pour ce qu'elles ont chanté dans la solitude de trop mélodieux ou de trop plein de larmes ; pour leur murmure inarticulé, pour leur silence !

Au cou, au lieu de la poitrine, pour l'ardeur du désir, selon l'expression consacrée ; oui, pour la douleur des affections, des rivalités, pour le trop d'angoisses des humaines tendresses, pour les larmes qui suffoquent un gosier sans voix, pour tout ce qui fait battre un cœur ou tout ce qui le ronge.

Aux mains aussi, pour avoir serré une main qui n'était pas saintement liée ; pour avoir reçu des pleurs trop brûlants ; pour avoir peut-être commencé d'écrire, sans l'achever, quelque réponse non permise !

Aux pieds, pour n'avoir pas fui, pour avoir suffi aux longues promenades solitaires, pour ne s'être pas lassés assez tôt au milieu des entretiens qui sans cesse recommençaient.

(Sainte-Beuve, *Volupté*.)

Cette description n'est que rhétorique et amplification fleurie.

« Ce que les yeux ont lu de trop tendre, d'attachant, de trop cher... *Vaines larmes, créatures infidèles... trop doux, trop flatteur et enivrant... miel caché, paroles trompeuses, voluptueux parfum, mélodieux, plein de larmes, murmure articulé, tendresses, pleurs brûlants, longues promenades* », etc. C'est le style employé partout, de la synonymie facile, du remplissage élégant et banal.

Voici maintenant comment Flaubert condense ce thème. Ici, tout est en relief, tout est créé : pensée, mot, image. C'est du vrai style.

Le prêtre récita le *Misereatur* et l'*Indulgentiam*, trempa son pouce droit dans l'huile et commença les onctions : d'abord sur les yeux, qui avaient tant convoité toutes les somptuosités terrestres ; puis sur les narines, friandes de brise tiède et de senteurs amoureuses ; puis sur la bouche, qui s'était ouverte pour le mensonge, qui avait frémi d'orgueil et crié dans la luxure ; puis sur les mains qui se délectaient aux contacts suaves, et enfin sur la plante des pieds, si rapides autrefois quand elle courait à l'assouvissance de ses désirs et qui maintenant ne marcheraient plus.

Ce qui fait la magie de la *Tentation de saint Antoine*, le synthétisme de sensation qui donne une sorte de beauté orientale à tout ce qui est couleur ou passion chez Flaubert, aux paroles de Mathô, aux déclarations de la reine de Saba, aux incantations mélancoliques des terrasses carthaginoises, tout cela encore est du Chateaubriand authentique. Ce sont les mêmes moules, presque les mêmes phrases : « Le seul frémissement de ta robe sur ces marbres me fait tressaillir, dit l'Abencérage. L'air n'est parfumé que parce qu'il a touché ta chevelure. Tes paroles embaument cette retraite comme les roses de l'Yémen. » Et Velléda : « As-tu entendu le gémissement d'une fontaine et la plainte d'une brise dans l'herbe qui croît sous ta fenêtre ? Je me glisserai chez toi sur les rayons de la lune. Je volerai sur le haut de la tour que tu habites… Les cygnes sont moins blancs que les filles des Gaules. Nos yeux ont la couleur et l'éclat du ciel. Nos cheveux sont si beaux que les Romaines nous les empruntent pour en ombrager leurs têtes. » N'est-ce pas le lyrisme de Flaubert lorsqu'il écrit : « Mes baisers ont le goût d'un fruit qui se fondrait dans ton cœur. Nous dormirions sur des duvets plus mous que des nuées, nous boirions des boissons froides dans des écorces de fruits et nous regarderions le soleil à travers des émeraudes. Noie mon âme dans le souffle de ton haleine. Que mes lèvres s'écrasent à baiser tes mains. »

L'énumération mélodieuse et symbolique, la poésie transportée dans l'érudition descriptive, qui font un continuel cantique de la *Tentation de saint Antoine*, tout cela encore vous le trouvez avant Flaubert dans les *Natchez, Atala* ou les *Martyrs*. C'est Chateaubriand qui a en quelque sorte fait passer le premier, dans la prose, le charme exotique et musical de phrases comme celle-ci : « La brise alanguie de la Syrie nous apportait indolemment la senteur des tubéreuses sauvages… J'ai vu les ruines de la Grèce baignées dans une rosée de lumière, que répandaient comme un parfum les brises de Salamine et de Délos… Volez, oiseaux de Lybie, volez au sommet del'Ithôme et dites que la fille d'Homère va revoir les lauriers de la Messénie. »

Flaubert a poussé très loin cette couleur dans *Salammbô*.

Lisez ce portrait du grand prêtre :

Personne à Carthage n'était savant comme lui. Dans sa jeunesse il avait étudié au collège des Magbeds à Borsippa, près Babylone ; puis visité Samothrace, Pessinunte, Éphèse, la Thessalie, la Judée, les temples des Nabathéens qui sont perdus dans les sables ; et des cataractes jusqu'à la mer parcouru à pied les bords du Nil. La face couverte d'un voile et en secouant des flambeaux, il avait jeté un coq noir sur un feu de sandaraques, devant le poitrail du Sphinx, le père de la Terreur. Il était descendu dans les cavernes de Proserpine ; il avait vu tourner les cinq cents colonnes du labyrinthe de Lemnos et resplendir le candélabre de Tarente portant sur sa tige autant de lampadaires qu'il y a de jours dans l'année. La nuit parfois il recevait des Grecs pour les interroger. La constitution du Monde ne l'inquiétait pas moins que la nature des dieux ; avec les armilles placés dans le portique d'Alexandrie, il avait observé les équinoxes et accompagné jusqu'à Cyrène les bématistes d'Evergète qui mesurent le ciel en calculant le nombre de leurs pas ; si bien que maintenant grandissait dans sa pensée une religion particulière, sans formule distincte, et à cause de cela même toute pleine de vertiges et d'ardeurs. Il ne croyait plus la terre faite comme une pomme de pin ; il la croyait ronde, et tombant éternellement dans l'immensité, avec une vitesse si prodigieuse, qu'on ne s'aperçoit pas de sa chute.

(Salammbô.)

M. Maindron a très originalement adapté ce procédé :

Libre de bonne heure par la mort de ses parents, il avait versé dans les aventures, parcouru les Indes où les brahmes adorent des déesses dont les yeux de pierreries brillent au fond des sanctuaires, pénétré avec les Portugais dans le pays des essences précieuses, de la nacre et des épices. Dans les Moluques, il avait vécu avec les marchands de muscade, bataillé contre les Malais, conquis les bonnes grâces du sultan de Ternate, vu ses deux cents femmes vêtues de soie blanche, dansé des Canaries processionnelles avec les poutries et les bockies en couronnes de fleurs du frangipanier dont le parfum excite l'amour. Il avait atteint Tidore dont la haute montagne est surmontée d'un panache de flammes, Halmaheiro où Saavédra avait élevé un fort. Il était difficile d'aller plus loin, car, au dire des pilotes, on trouvait bien encore, vers le sud, quelques îlots dangereux, puis ce n'était plus qu'une mer sans fin. Cependant, sa caravelle avait mouillé dans les criques des grandes îles de l'Est, où vit la manucodiaque. C'est un oiseau rare, semblant fait de verre filé, couleur d'écarlate, et sa queue porte deux mains avec lesquelles il se suspend aux arbres.

Sa soif des nouveautés était si grande, qu'il lui avait fallu aller à Luçon, à Manille, et aussi à l'île de Banka, où les Malais exploitent des mines d'étain. Et puis il avait continué à voyager, pour apprendre. Dans les hypogées de l'Egypte, il avait cherché à surprendre les secrets des morts ; et des vieux, persécutés par les gens de Mahom, lui avaient révélé le mystère du scorpion. Il se rappelait leur voix chevrotante, quand ils lui disaient les arcanes que leurs ancêtres tenaient des derniers sacerdotes : la mort d'Osiris, le Rituel des Juges, le Livre des Ames, la douleur d'Isis, le dévouement du fidèle Anubis, les cynocéphales gardiens des tombeaux. Et, encore, il s'en était allé, pour entendre la parole des Parsis et des Guèbres, adorateurs du feu, qui font manger leurs morts par les oiseaux du ciel. Il ne s'était pas scandalisé de ces choses, non plus que des sorciers des Nègres. Ceux-là n'étaient cependant guère sages, car ils clouaient les crânes des voyageurs au tronc des arbres et s'imaginaient que les harpes suspendues aux branches des sycomores étaient touchées la nuit par les Esprits. Ce qui l'amena à penser aux derviches qui tournaient, à en mourir, avec des robes en forme de cloche ; d'autres se tailladaient le visage avec des lames tranchantes, et ils paraissaient pleurer du sang ; d'autres, encore, exhibaient, au son des flûtes, des serpents enroulés dans des corbeilles, et puis ils les faisaient danser.

(Maurice Maindron, *Le Tournoi de Vauplassans.*)

Un autre auteur écrit, dans ce genre, cette paraphrase poétique sur les Indes :

Appuyée à mon bras, elle me décrivait la suavité de ce voyage, elle m'énumérait les merveilles à voir ; les palais des radjas aux dômes blancs sous la lune ; les temples inouïs avec leurs colosses aux yeux en boule de verre, qui dorment muets et terribles au fond des salles éternellement ténébreuses ; les nécropoles démesurées, les monuments où sont entassées plus de pierres que pour une ville, les terrasses chaudes où piétine au son des tambours le tournoiement des bayadères lascives, rafraîchissant au vent de leurs danses les fumeurs à longues pipes, assis en rond, les jambes croisées.

Nous franchirions les portes énormes des citadelles. Nos pieds se prolongeraient dans le miroitement des mosaïques qui dallent les mosquées. Nous irions chez les Gounds. Nous entendrions aboyer les chacals. Nous regarderions les fakirs ouvrir leurs paupières au soleil et les jongleurs charmer les reptiles en jouant de la flûte.

Nous mangerions du miel dans les cabanes des Védahs. Balancés en palanquins, portés sur le dos des éléphants, nous traverserions des forêts de cocotiers pleines de paons et de colibris. Nous visiterions les couvents boudhiques, les habitations des padishas, et nous voguerions en Caïques sur le Gange au parfum des orangers et des jasmins, au bas des montagnes où l'on trouve l'onyx et le lappi-lazzuli.

Si Flaubert est un frappant exemple de la bonne assimilation de Chateaubriand, Marchangy et le vicomte d'Arlincourt sont restés célèbres par leur mauvaise imitation du même auteur. En faisant le rebours de ce qu'avait fait Flaubert, c'est-à-dire en empruntant seulement ce que Chateaubriand avait de caduc, ils se sont solennellement ensevelis dans un oubli mérité.

Lisez ces lignes :

Tandis que l'indomptable chevalier se livrait ainsi à la fougue de sa brute imagination, les lueurs du foyer prolongeaient jusqu'au fond de la salle l'ombre démesurée de sa noble stature qui s'élevait jusqu'aux voûtes blasonnées. On eût dit le génie des temps barbares renouvelant ses grandes invasions ; ou plutôt ce superbe athlète du régime féodal semblait l'archange des ténèbres placé aux portes de la lumière pour l'empêcher de pénétrer dans un monde heureux de son ignorance, de ses pudiques illusions, de sa crédulité et de ses mystères.

(Marchangy, *Tristan le Voyageur*, ch. i.)

Et ceci encore :

Si par hasard le chasseur perce l'épaisseur des bois qui ferment l'entrée de la résidence ignorée, s'il pénètre à travers l'aubépine qui a poussé entre les pierres du seuil infréquenté, il s'étonne à la vue de cette femme charmante devant laquelle se sont *arrêtés les siècles…*

L'ivresse est pour les Bretons, ce qu'est le sommeil à ceux qui souffrent, ce qu'est le délicieux opium que distille *le pavot noir de la Thébaïde* pour *l'amoureux Abencerrage* rêvant *au bruit des fontaines de l'Alhambra.*

C'est tout à fait le style de Chateaubriand en réminiscence et en platitude.

Voici, pour finir, un passage de D'Arlincourt où l'imitation de la mauvaise description de Chateaubriand fait aujourd'hui l'effet d'une charge.

La cloche sainte venait d'appeler aux prières du soir les fidèles de la vallée. Déjà la chapelle du prieuré, seule église du hameau, rassemblait *les villageois revenus de leurs travaux* ; Élodie est *sous la voûte sacrée* ; et ses ardentes prières demandent à l'Être Suprême la conservation de son père adoptif. *Les ombres du soir* couvraient le monastère. Le chant du prêtre, les *cantiques des montagnards* et les douces voix de l'enfance s'élevant en chœurs aux dômes éternels avaient plongé l'âme d'Élodie dans une pieuse et sainte tristesse… *À la faible clarté perçant les vieux vitraux de la chapelle* latérale, elle aperçoit un étranger… L'office du soir est achevé : un silence profond succède aux hymnes saintes. La foule lentement s'écoule sous le portique et *l'ange de la prière a repris son vol vers le trône immortel…*

Ici encore on reconnaît le vocabulaire de Chateaubriand. « L'ange de la prière » n'est pas même oublié.

Après les grands maîtres, il y a un ouvrage qu'il faut lire pour former son style descriptif. C'est *L'Enfant* de Jules Vallès. Jules Vallès, révolutionnaire démagogue, a passé sa vie à bafouer Homère et les classiques, et personne ne ressemble plus que lui à Homère. Je ne connais pas de lecture plus passionnante que celle de *L'Enfant*, livre aux chapitres brusques, qu'on dirait écrit au crayon sur un carnet. Son procédé de description va droit au fond.

Parlant d'un gamin sans pitié, il dit : « Il a coupé une fois la queue d'un chat avec un rasoir, et on la voyait dégoutter comme un bâton de cire à la bougie. » Il écrit, après la déroute de la Commune : « Je regarde le ciel du côté où je sens Paris. Il est d'un bleu cru avec des nuées rouges. On dirait une grande blouse inondée de sang. » Lisez ce portrait : « Tête mobile, masque gris, *grand nez en bec, cassé* bêtement au milieu, bouche démeublée *où trottine, entre les gencives, un bout de langue rose et frétillante* comme celle d'un enfant ; teint de violette. Au-dessus de tout cela, un grand front, et des prunelles *qui luisent comme des éclats de houille*. C'est Blanqui. »

Vallès était un simple et un instinctif. Il a compris la nature à la façon antique. Il détache deux ou trois détails frappants et dédaigne l'ensemble. C'est une suite d'idées *triées* :

Le cimetière est près de l'église et il n'y a pas d'enfants pour jouer avec moi : il souffle un vent dur qui rase la terre avec colère parce qu'il ne trouve pas à se loger dans le feuillage des grands arbres. Je ne vois que des sapins maigres, *longs comme des mâts*, et la montagne apparaît là-bas, nue et pelée comme le *dos décharné d'un éléphant*… C'est vide, vide, avec seulement des bœufs couchés, ou des chevaux *plantés debout* dans les prairies. Il y a des chemins aux pierres grises comme des coquilles de pèlerins, et des rivières qui ont les bords rougeâtres, comme s'il y avait eu du sang ; l'herbe est sombre… Mais, peu à peu, cet air cru des montagnes fouette mon sang et me fait passer des frissons sur la peau… J'ouvre la bouche toute grande pour le boire, j'écarte ma chemise pour qu'il me *batte la poitrine*. Est-ce drôle ? Je me sens, quand il m'a baigné, le regard si pur, la tête si claire !… S'il monte un peu de fumée, c'est une *gaieté dans l'espace*, elle monte comme un encens du feu de bois mort allumé là-bas par un berger ou du feu de sarment frais sur lequel un petit vacher souffle dans cette hutte, sous ce bouquet de sapins… Il y a le vivier où toute l'eau de la montagne court en moussant, et si froide quelle brûle les doigts ; quelques poissons s'y jouent. On a fait un petit grillage pour empêcher qu'ils ne passent. Et je dépense des quarts d'heure à voir *bouillonner cette eau, à l'écouter venir, à la regarder s'en aller*, en s'écartant *comme une jupe blanche sur les pierres*… La rivière est pleine de truites. J'y suis entré une fois jusqu'aux cuisses ; *j'ai cru que j'avais les jambes coupées avec une scie de glace.* C'est ma joie maintenant d'éprouver ce premier frisson. Puis, j'enfonce mes mains dans les trous, et je les fouille. Les truites glissent entre mes doigts ; mais le père Régis est là, qui sait les prendre et les jette sur l'herbe, *où elles ont l'air de lames d'argent avec des piqûres d'or et de petites taches de sang.*

On dirait une description de Théocrite.

Comment se défendre de citer cette sensation de campagne :

On me conduit à ma chambre, qui est près du grenier, — le grenier où l'on a, l'hiver dernier, pendu les raisins, entassé les pommes avec des bouquets de fenouil et des touffes sèches de lavande. Il en est resté une odeur, et je laisse la porte ouverte pour qu'elle entre chez moi… Je me mets à la fenêtre et je *regarde au loin s'éteindre les hameaux*. Un rossignol froufroute dans un tas de fagots et se met à chanter. Il y a le coucou qui *fait hou-hou dans les arbres* du grand bois, et les grenouilles jacassent… J'écoute et finis par ne rien entendre… Le coq me réveille en sursaut, je m'étais endormi le front dans mes mains et je me déshabille avec un frisson pour dormir d'un sommeil sans rêve, étourdi de parfum, écrasé de bonheur… Deux jours comme cela, — avec des disputes et des raccommodailles près des buissons, dans les fleurs, dans le foin le grand jeu du fléau, le *chant doux des rivières et l'odeur du sureau...*

Homère peignait ainsi par juxtapositions, par touches séparées. Si Vallès fait un portrait, c'est toujours le procédé du rond de bosse, le relief, le trait isolé, nettoyé de ce qui l'entoure. Lisez ce portrait de sa jeune tante :

Une grande brune avec des *yeux énormes*, des yeux noirs, tout noirs, et qui brûlent ; *elle les fait aller, comme je fais aller, dans l'étude, un miroir cassé, pour jeter des éclairs* ; ils *roulent dans les coins, remontent au ciel* et vous prennent avec eux.

Même vision, s'il peint une mule en marche :

La bête va l'amble, ta ta ta, ta ta ta ! toute raide ; on dirait que son cou *va se casser*, et sa crinière couleur de mousse *roule sur ses gros yeux* qui ressemblent à des cœurs de mouton.

Il parle des passagers qui sont avec lui dans le bateau :

Ils sont plus remuants que moi et ne s'arrêtent pas au milieu du pont, les lèvres entr'ouvertes et le nez frémissant, pour respirer et boire le *petit vent qui passe* : brise du matin qui secoue les feuilles sur les cimes des arbres et les *dentelles au cou des voyageurs*. Le ciel est clair, les maisons sont blanches, la rivière bleue ; sur la rive, il y a des jardins pleins de roses et j'aperçois le fond de la ville qui *dégringole tout joyeux* !

Certaines de ses phrases sont de l'Homère pur :

Tout le monde remuait, courait, s'échappait, comme les insectes, quand je soulevais une pierre au bord d'un champ.

Une étable de village :

En entrant dans cette écurie, il y a une odeur chaude de fumier et de *bêtes en sueur*, qui *avance*, comme *une buée*, de l'écurie.

La foule dans une émeute :

Un îlot de peuple me submerge et m'emporte… On ne distingue pas grand'chose dans le flux et le reflux ; la poussée des incidents brise et confond les rangées humaines, comme *la marée roule et mêle les cailloux, sur le sable des plages.*

Et ceci :

En 93 les baïonnettes sortirent de terre avec une idée au bout, *comme un gros pain.*

Et c'est tout le temps ainsi : de la matérialité visible, la touche du grand peintre, qui sait qu'on montre mieux les choses par deux ou trois détails saillants que par une description générale. C'est trop, en effet, que de vouloir tout dire ; il s'agit de choisir et de mettre en relief ce qu'on a choisi. Tout l'art est là, et c'est en cela que Vallès est suprêmement artiste.

La description générale.

Y a-t-il, oui ou non, une description générale ?

Je yeux peindre un ensemble, un tableau total. Ne suis-je pas libre de n'en dégager que le côté général ? Un pays, une contrée ne peuvent se décrire par le menu. N'ai-je pas le droit d'exposer en soi, *in abstracto*, le tableau de ce que peut être une tempête, une bataille, une inondation ?

Il y a confusion de mots.

On appelle improprement *générale* la description d'un ensemble ou d'un pays.

La *vraie description générale* est celle qui est faite avec des généralités.

Peindre un pays n'est pas faire de la description générale. Le sujet est plus vaste, mais c'est un sujet. Témoin la belle description de la France dans Michelet. On doit seulement y mettre ce qui se rapporte à la France et écarter, en principe, ce qui se rapporte à une autre contrée. En peignant les savanes d'Amérique, Chateaubriand nous a ravis par des images qu'on n'avait pas vues ailleurs De même Bernardin de Saint-Pierre dans *Paul et Virginie*. Quand Chateaubriand (*Itinéraire*) décrit la Palestine : « Au premier aspect de cette région désolée, etc. » la majeure partie de ce qu'il va dire ne peut s'appliquer qu'à ce sujet (terre travaillée par les miracles, etc.). Si les détails eussent convenu à n'importe quel pays, il aurait fait précisément de la description générale.

Sans doute, il y a des choses qui sont communes à tous les sujets ; mais elles ne doivent pas constituer le fond même d'une description. Tout cela, évidemment, est affaire de tact. La règle, c'est qu'on doit montrer *le plus d'originalité possible pour spécialiser et individualiser la description*. On peut peindre des sujets généraux, mais jamais avec des généralités, des clichés, des lieux-communs, des passe-partout.

Le pire, c'est de décrire artificiellement et par généralités des sujets qui n'existent pas. *La tempête, l'ouragan, le lever du soleil, la nuit, l'aurore* n'ont pas de réalité en soi. Il y a seulement des tempêtes, des ouragans, des levers de soleil, des nuits, des aurores déterminés et particuliers, qu'il faut présenter comme tels.

Si un écrivain ayant à peindre une femme, se contente de dire qu'elle a de *beaux yeux, la fraîcheur du teint, des cheveux noirs, la taille souple*, qu'elle est *ravissante*, qu'un *charme inexprimable se dégage de sa personne*, etc., il n'aura rien montré, et sa description ne sera pas bonne, parce qu'elle s'appliquera à des milliers d'autres femmes non définies, et parce que l'auteur n'aura pas eu devant ses yeux une femme, mais le type général féminin, qui n'a rien de commun avec un portrait individuel.

Voici un portrait de Luther par Mignet :

Luther avait trente-quatre ans. Sa stature était moyenne, sa poitrine large, son front vaste, ses yeux pleins de feu, d'énergie et de fierté. Sous cette vigoureuse enveloppe, il y avait une intelligence puissante, un cœur indomptable, une âme ardente et profonde. Luther alliait les caractères les plus contraires. Il était violent et bon, austère et enjoué, convaincu et adroit, persuasif et impérieux, etc.

Ce portrait est bien celui de Luther ; mais il pourrait aussi bien s'appliquer à un autre. Mirabeau aussi avait « le front vaste, la poitrine large, les yeux pleins de feu, l'enveloppe vigoureuse, l'intelligence puissante, un cœur indomptable, une âme ardente, etc… ».

Mais justement, dira-t-on, si je veux peindre la femme comme type opposé à l'homme, ne ferai-je pas malgré moi une description générale ? Non, si les détails de votre tableau, moral ou physique, se rapportent exclusivement au type-femme. Votre description sera *générale*, c'est-à-dire *mauvaise*, si vos traits sont généraux, c'est-à-dire se rapportent à d'autres types qu'au type-femme. Vous dites, par exemple, que la femme a les yeux brillants. Cela ne signifie rien parce que les enfants, les adolescents et bien des hommes aussi ont les yeux brillants.

Voici un combat de taureaux par Florian. C'est pour le coup qu'il fallait relire Homère. L'intensité du tableau était, non dans le nombre, mais dans la particularité des détails. Florian, au contraire, n'a vu qu'un combat de taureaux en général. Il nous en donne le caractère total, il peint ce qui s'y passe habituellement, il en fait un cliché de narration facile. Du bruit, des cris ; le taureau furieux, regarde, hésite, se précipite. Le cavalier se gare, attaque, évite les cornes, lance son voile et frappe. La bête bondit, mugit, parcourt l'arène et expire.

Sur ce thème Florian brode un peu de littérature, de rhétorique et d'amplification, et c'est tout ; qu'on en juge :

Le signal se donne, la barrière s'ouvre, le taureau s'élance au milieu du cirque ; mais, au bruit de mille fanfares, aux cris, à la vue des spectateurs, il s'arrête, inquiet et troublé ; ses naseaux fument ; ses regards brûlants errent sur les amphithéâtres ; il semble également en proie à la surprise, à la fureur. Tout à coup il se précipite sur un cavalier qui le blesse et fuit rapidement à l'autre bout. Le taureau s'irrite, le poursuit de près, frappe à coups redoublés la terre, et fond sur le voile éclatant que lui présente un combattant à pied. L'adroit Espagnol, dans le même instant, évite à la fois sa rencontre, suspend à ses cornes le voile léger, et lui darde une flèche aiguë qui de nouveau fait couler son sang. Percé bientôt de toutes les lances, blessé de ces traits pénétrants dont le fer courbé reste dans la plaie, l'animal bondit dans l'arène, pousse d'horribles mugissements, s'agite en parcourant le cirque, secoue les flèches nombreuses enfoncées dans son large cou, fait voler ensemble les cailloux broyés, les lambeaux de pourpre sanglants, les flots d'écume rougie, et tombe enfin épuisé d'efforts, de colère et de douleur.

(Florian, *Gonzalve de Cordoue*, V).

Nous ne blâmons pas, bien entendu, la scène, l'intention, le drame. Florian avait le droit de choisir la façon dont les choses se sont passées. Nous nous plaignons que tout cela ne soit ni *réel* ni *vu*, et qu'aucun détail vivant ne rompe cette facture conventionnelle. On a traité là un *fait divers dans ses caractères prévus*. Jamais Homère ne décrit ainsi.

De pareils défauts sont plus choquants encore dans la description oratoire. L'éloquence vivant d'amplification, on conçoit combien il est facile de tomber dans le lieu commun, à l'aide de jolies phrases qui ne sont pas des peintures.

Fléchier entreprend de décrire la désolation qui a éclaté partout à la mort de Turenne. Il ne sait pas grand'chose là-dessus ; il ne connaît guère que le bruit public. Il ne cite donc pas de faits. Il fait son morceau de rhétorique et décrit cette désolation comme eût pu le faire un élève de seconde : Ici on pleure sa mort ; là on bénit sa mémoire ; l'un a vu ses récoltes sauvées par lui ; l'autre a gardé l'héritage de ses pères, etc.

Voici le passage :

Que de soupirs alors, que de plaintes, que de louanges retentissent dans les villes, dans la campagne ! L'un, voyant croître ses moissons, bénit la mémoire de celui à qui il doit l'espérance de sa récolte ; l'autre, qui jouit encore en repos de l'héritage qu'il a reçu de ses pères, souhaite une éternelle paix à celui qui l'a sauvé des désordres et des cruautés de la guerre : ici, l'on offre le sacrifice adorable de J.-C. pour l'âme de celui qui a sacrifié sa vie et son sang pour le bien public ; là, on lui dresse une pompe funèbre, où l'on s'attendoit de lui dresser un triomphe : chacun choisit l'endroit qui lui paroît le plus éclatant dans une si belle vie ; tous entreprennent son éloge ; et chacun, s'interrompant lui-même par ses soupirs et par ses larmes, admire le passé, regrette le présent, et tremble pour l'avenir. Ainsi tout le royaume pleure la mort de son défenseur, et la perte d'un homme seul est une calamité publique.

(Fléchier, *Oraisons funèbres*.)

Tous ces détails, bien présentés et élégamment exprimés, pourraient s'appliquer à la mort de n'importe quel bienfaiteur de l'humanité ou de n'importe quel grand homme. C'est le développement rhétoricien et oratoire de ce thème : « Il a fait du bien et on le regrette ». Sujet de discours français développé par un bon élève.

Ces sortes de descriptions abondent malheureusement dans notre littérature. Encore une fois ce n'est pas le sujet, c'est le procédé d'exécution qui les rend générales. On pourrait citer, dans ce genre, bien des morceaux de Saint-Lambert, Fénelon, Thomson, Raynal, Marmontel.

Dans une pièce de ses *Nouvelles Méditations* intitulée *Préludes*, Lamartine nous a donné plusieurs descriptions générales où il a mis bien du talent. Nous voulons parler de sa fameuse *Bataille*. Ce tableau contient des sensations et des images admirables, qui ne sont belles que parce qu'en ce moment-là elles se particularisent et peuvent s'isoler, donner le change. Ce qui est blâmable c'est de faire avec cela un ensemble anonyme, un devoir de rhétorique. Ce genre est faux. On nous décrit un fils qui meurt en songeant à sa mère, un fiancé qui ne reverra plus sa fiancée ; on nous dit que le canon gronde ; on nous représente la mêlée humaine, les hommes fauchés, etc. Comme tout cela peut se dire de n'importe quelle bataille, le talent et la vie que vous déploierez ne prouveront qu'une chose : l'effort que vous aurez fait pour circonstancier, pour particulariser votre description, pour la tirer précisément de cette abstraction, de cet anonymat qui la condamne.

« Aucune description perdue dans des généralités ne peut être bonne, dit le critique Blair ; car nous ne concevons clairement aucune abstraction : toutes nos idées distinctes se forment sur des objets *individuels.* »

Un exemple saisissant va nous faire toucher du doigt cette vérité ; voici une description de Marmontel :

Éruption d'un volcan avec tempête.

Une épaisse nuit enveloppe le ciel et le confond avec la terre ; la foudre, en déchirant ce voile ténébreux, en redouble encore la noirceur ; cent tonnerres qui roulent et semblent rebondir sur une chaîne de montagnes, en se succédant l'un à l'autre, ne forment qu'un mugissement qui s'abaisse, et qui se renfle comme celui des vagues. La terre tremble, le ciel gronde, de noires vapeurs l'enveloppent, le temple et les palais chancellent, et menacent de s'écrouler ; la montagne s'ébranle, et sa cime entr'ouverte vomit, avec les vents enfermés dans son sein, des flots de bitume liquide et des tourbillons de fumée qui rougissent, s'enflamment et lancent dans les airs des éclats de rochers brûlants qu'ils ont détachés de l'abime : superbe et terrible spectacle de voir des rivières de feu bondir à flots étincelants à travers des monceaux de neige, et s'y creuser un lit vaste et profond !

(Marmontel, *Les Incas.*)

Ces lignes ont l'air énergiques ; elles sont insignifiantes.

Lacépède suit le même procédé :

Une montagne voisine, s'entr'ouvrant avec effort, lance au plus haut des airs une colonne ardente, qui répand au milieu de l'obscurité une lumière rougeâtre et lugubre ; des rochers énormes volent de tous côtés ; la foudre éclate et tombe ; une mer de feu s'avançant avec rapidité inonde les campagnes ; à son approche, les forêts s'embrasent, la terre n'offre plus que l'image d'un vaste incendie qu'entretiennent des amas énormes de matières enflammées… Où fuyez-vous, mortels infortunés…

(Lacépède, Poétique de la musique.)

C'est le même morceau, aussi inexpressif.

Poursuivons ce développement.

Un autre écrivain continue, en décrivant la tempête :

D'horribles éclairs brillent d'une lumière effrayante dans la profondeur des cieux ; le tonnerre retentit de toutes parts, rendu plus affreux par les échos de la contrée. Le lac, violemment agité, soulève en mugissant ses vagues écumantes ; les vents soufflent avec fureur ; le pin altier, le chêne orgueilleux, chancellent sur leurs troncs robustes ; l'humble arbrisseau se tourmente sur sa tige flexible ; au haut des airs, les nuages s'entrechoquent…

(Bergasse, Fragments sur la manière dont nous
distinguons le bien et le mal.)

Raynal renchérit :

Tout à coup, au jour vif et brillant de la zone torride succède une nuit universelle et profonde ; à la parure d'un printemps éternel, la nudité des plus tristes hivers. Des arbres aussi anciens que le monde sont déracinés et disparaissent. Les plus solides édifices n'offrent en un moment que des décombres. Où l'œil se plaisait à regarder des coteaux riches et verdoyants, on ne voit plus que des plantations bouleversées et des cavernes hideuses. Des malheureux, dépouillés de tout, pleurent sur des cadavres, ou cherchent leurs parents sous des ruines.

(Raynal, Les deux Indes, liv. X, 5.)

N'oublions pas l'orage de l'abbé Barthélémy :

Bientôt nous vîmes la foudre briser à coups redoublés cette barrière de ténèbres et de feu suspendue sur nos têtes ; des nuages épais rouler par masses dans les airs, et tomber en torrents sur la terre ; les vents déchaînés fondre sur la mer, et la bouleverser dans ses abîmes. Tout grondait, le tonnerre, les vents, les flots, les antres, les montagnes ; et, de tous ces bruits réunis, il se formait un bruit épouvantable qui semblait annoncer la dissolution de l'univers.

Nous pourrions continuer à citer de pareils extraits pris dans Dupaty, Saint-Lambert, Delille, etc…

C'est le triomphe de la description générale. Ces écrivains croyaient peindre fortement. Leurs descriptions sont sans éloquence, parce que rien n'est vu, rien n'est particularisé. Cette abondance tonitruante glace l'émotion pour vouloir l'outrer.

Voici, maintenant, comme contraste, une vraie éruption de volcan. C'est la première éruption du Vésuve, en l'an IV. Elle a été décrite par un témoin oculaire, Pline le Jeune, qui en fait le récit suivant à son ami Tacite :

Mon oncle était à Misène et commandait la flotte en personne. Le neuvième jour avant les calendes de septembre, vers la septième heure, ma mère l'avertit qu'il apparaissait un nuage d'une grandeur et d'une forme extraordinaire… Mon oncle demande ses sandales et monte dans l'endroit d'où ce prodige était le plus visible. A le voir de loin, il était difficile de distinguer de quelle montagne sortait le nuage. (Nous sûmes depuis que c'était du Vésuve.) Le pin est de tous les arbres celui qui en représente le mieux la ressemblance et la forme.

C'était comme un tronc fort allongé qui s'élevait très haut et se partageait en un certain nombre de rameaux. Je suppose qu'il était d'abord soulevé par un souffle impétueux ; puis qu'abandonné par ce souffle qui faiblissait ou même affaissé par son propre poids, il s'atténuait en s'élargissant. Il était tantôt blanc, tantôt sale et tacheté, selon qu'il avait entraîné de la terre ou de la cendre. Un savant tel que mon oncle jugea ce phénomène considérable et digne d'être étudié de plus près...

Déjà la cendre tombait sur les vaisseaux, et, plus on approchait, plus elle était chaude et épaisse ; puis c'étaient des pierres ponces et des cailloux noircis, calcinés, brisés par le feu ; déjà le fond de la mer s'était subitement élevé et la montagne en s'écroulant rendait le rivage inabordable... Cependant on voyait luire en plusieurs endroits du Vésuve des flammes très larges et des jets de feu s'élevant très haut, dont la lueur éclatante était avivée par les ténèbres de la nuit. Pour calmer la frayeur de ses hôtes, mon oncle leur répétait que des paysans, dans leur fuite précipitée, avaient laissé du feu dans leurs maisons et que c'étaient les maisons qui brûlaient dans la solitude... Mon oncle alla se coucher et dormit d'un réel sommeil.

La pluie de cendres est telle qu'on le réveille, car il n'aurait pu sortir de sa chambre. On délibère pour savoir s'il ne vaut pas mieux aller en rase campagne.

Pline continue :

Les bâtiments chancelaient. Ébranlés par de violentes secousses et comme arrachés de leurs fondements, ils semblaient aller de côté et d'autre, puis revenir à leur place. D'autre part, en plein air, on avait à redouter la chute des pierres ponces. La comparaison fit choisir ce dernier péril. On s'attacha des oreillers sur la tête avec des linges, c'était un rempart contre ce qui tombait. Déjà il faisait jour ailleurs ; ici c'était la nuit, la plus noire et la plus épaisse de toutes les nuits. On décida d'aller au rivage et de voir si la mer était tenable...

C'est dans ce trajet que mourut Pline l'Ancien, suffoqué par les rafales de cendre et l'odeur du soufre, pendant que Pline le Jeune était à Misène.

Il reprend son récit dans une seconde lettre à Tacite :

C'était déjà la première heure et le jour était encore douteux et languissant. Tous les bâtiments étaient ébranlés ; et, quoique le lieu où nous nous trouvions fût à découvert, il était si étroit, que nous avions la crainte, la certitude même d'être ensevelis sous les décombres. Alors seulement nous nous décidâmes à quitter la ville. La foule nous suit, effarée ; par un effet de la peur qui ressemble à la réflexion, elle préfère l'idée d'autrui à la sienne, et une longue file de fugitifs marche sur nos pas, et nous presse. Une fois sortis de la ville, nous nous arrêtons. Là, mille faits stupéfiants s'offrent à nous, nous souffrons mille terreurs. Les voitures que nous avions fait avancer étaient, quoique le terrain fût tout plat, poussées dans des directions différentes, et même, en les fixant avec des pierres, on ne pouvait les faire tenir en place. En outre, la mer semblait s'absorber en elle-même et être refoulée. Du moins, le rivage s'était avancé et retenait sur le sable sec une foule de bêtes marines. De l'autre côté apparaissait un nuage noir et effrayant ; déchiré par un souffle de feu qui le sillonnait de traits tortueux et rapides, il présentait en s'entr'ouvrant de longues traînées de flammes, semblables à des éclairs, mais plus grandes encore… Peu de temps après, le nuage s'abaisse vers la terre et couvre la mer. Il enveloppait l'île de Caprée, la dérobait aux regards et le promontoire de Misène avait disparu… Je force ma mère à presser le pas… Elle m'obéit à regret et se reproche de me ralentir. La cendre commençait à tomber, mais elle était encore clairsemée. Je me retourne : d'épaisses ténèbres s'avançaient sur nous et, se répandant sur la terre comme un torrent, nous suivaient de près. « Quittons la route, dis-je à ma mère, tandis que nous voyons encore, de peur d'être renversés et écrasés dans les ténèbres par la foule de nos compagnons. » A peine nous étions-nous arrêtés, que la nuit se fit, non la nuit qui règne quand le ciel est sans lune et couvert de nuages : c'était l'obscurité d'un lieu fermé où l'on a éteint les lumières. On entendait les lamentations des femmes, les gémissements prolongés des petits enfants, les cris des hommes. Ils appelaient à haute voix, les uns leurs parents, d'autres leurs enfants, ou ils essayaient de les reconnaître au son de leur voix ; ceux-ci déploraient leur sort ;' ceux-là le sort de leur famille ; quelques-uns par peur de la mort invoquaient la mort ; beaucoup levaient leurs mains vers les dieux ; un plus grand nombre déclaraient qu'il n'y avait plus de dieux, et que c'était la dernière nuit du monde, la nuit éternelle… Il apparut une faible lueur qui nous semblait annoncer, non le jour, mais l'approche du feu. C'était le feu, mais il s'arrêta assez loin de nous ; les ténèbres revinrent, puis la cendre recommença à tomber, épaisse et lourde…

> (Pline le Jeune, *Lettres*, liv. VI, let. XVI et
> XX.)

Voilà la vraie description. Plus de rhétorique, plus d'amplification, plus d'effet ostentatoire et voulu. Chercheur de style et amateur d'antithèses, Pline eût pu trouver des développements qu'on lui eût volontiers pardonnés. Il s'en est abstenu, et son éloquence vient précisément de la sobriété, de la qualité des détails qui ne peuvent figurer que là. Il ne cherche ni à étonner ni à terrifier. Il dit ce qu'il a vu. Ce qu'il eût écrit de plus n'eût rien ajouté à sa peinture. Le superflu ne pouvait être que du banal. Marmontel et les autres ont exploité le *cliché* d'un sujet. Pline en donne la *vie*.

Voilà comment il faut décrire.

Mais, dira-t-on, on n'assiste pas tous les jours à l'éruption d'un volcan. Comment ferai-je, si j'ai besoin de peindre ce phénomène ?

Il faut étudier les descriptions qui ont été faites sur nature, et appliquer ensuite à votre sujet *artificiel* les procédés de facture vraie. C'est le seul moyen de donner l'apparence de la vie à ce qui est imaginé. La lettre de Pline était connue. Si les écrivains dont nous parlons l'avaient eue devant les yeux, ils auraient rougi de leur rhétorique.

Pour atteindre cette intensité, efforçons-nous de ne pas dire ce que les autres ont dit, ou du moins disons-le autrement ; cherchons la vérité par l'originalité sans excès ; observons et peignons le réel ; trouvons des traits similaires à ceux que nous admirons ; si un auteur tire un effet de tel détail, tirons nous-mêmes un effet semblable de tel autre détail, etc.

Suivons enfin l'excellent conseil de Voltaire : « Quant aux peintures, dit-il, leur effet dépend de la grandeur, de l'éclat et de la *manière neuve de voir un objet*, et d'y faire remarquer ce que l'œil inattentif n'y voit pas. »

Ces qualités vous frapperont dans cette description de naufrage, extraite de Bernardin de Saint-Pierre, digne du naufrage de *Paul et Virginie* :

Comme le roulis m'empêchait de dormir, je m'étais jeté sur mon lit en bottes et en robe de chambre : mon chien paraissait saisi d'un effroi extraordinaire. Pendant que je m'amusais à calmer cet animal, je vis un éclair par un faux jour de mon sabord, et j'entendis le bruit du tonnerre. Il pouvait être trois heures et demie. Un instant après, un second coup de tonnerre éclata, et mon chien se mit à tressaillir et à hurler. Enfin un troisième éclair, suivi d'un troisième coup, succéda presque aussitôt, et j'entendis crier sous le gaillard que quelque vaisseau se trouvait en danger ; en effet, ce bruit fut semblable à un coup de canon tiré près de nous, il ne roula point. Comme je sentais une forte odeur de soufre, je montai sur le pont, où j'éprouvai d'abord un froid très vif. Il y régnait un grand silence, et la nuit était si obscure que je ne pouvais rien distinguer. Cependant ayant entrevu quelqu'un près de moi, je lui demandai ce qu'il y avait de nouveau. On me répondit : « On vient de porter l'officier de quart dans sa « chambre ; il est évanoui, ainsi que le premier pilote. » Le tonnerre est tombé sur le vaisseau, et notre grand « mât est brisé. » Je distinguai, en effet, la vergue du grand hunier tombée sur les barres de la grande hune. Il ne paraissait, au-dessus, ni mât, ni manœuvre. Tout l'équipage était retiré dans la chambre du conseil.

Au point du jour, je remontai sur le pont. On voyait au ciel quelques nuages blancs, d'autres cuivrés. Le vent venait de l'ouest, où l'horizon paraissait d'un rouge ardent, comme si le soleil eût voulu se lever dans cette partie ; le côté de l'est était tout noir. La mer formait des lames monstrueuses, semblables à des montagnes pointues formées de plusieurs étages de collines. De leur sommet s'élevaient de grands jets d'écume qui se coloraient de la couleur de l'arc-en-ciel. Elles étaient si élevées, que du gaillard d'arrière elles nous paraissaient plus hautes que les hunes. Le vent faisait tant de bruit dans les cordages, qu'il était impossible de s'entendre. Nous fuyions vent arrière sous la misaine. Un tronçon du mât de hune pendait au bout du grand mât, qui était éclaté en huit endroits jusqu'au niveau du gaillard ; cinq des cercles de fer dont il était lié étaient fondus ; les passavants étaient couverts des débris des mâts de hune et de perroquet. Au lever du soleil, le vent redoubla avec une fureur inexprimable : notre vaisseau, ne pouvant plus obéir à son gouvernail, vint en travers. Alors la misaine ayant fasié, son écoute rompit ; ses secousses étaient si violentes, qu'on crut qu'elle amènerait le mât à bas. Dans l'instant, le gaillard d'avant se trouva comme engagé ; les vagues brisaient sur le bossoir de bâbord, en sorte qu'on n'apercevait plus le beaupré. Des nuages d'écume nous inondaient jusque sous la dunette. Le navire ne gouvernait plus ; et étant tout à fait en travers à la lame, à chaque roulis il prenait l'eau sous le vent jusqu'au pied du grand mât, et se relevait avec la plus grande difficulté.

Dans ce moment de péril, le capitaine cria au timonier d'arriver ; mais le vaisseau, sans mouvement, ne sentait plus sa barre. Il ordonna aux matelots de carguer la misaine, que le vent emportait par lambeaux : ces malheureux, effrayés, se réfugièrent sous le gaillard d'arrière. J'en vis pleurer un, d'autres se jetèrent à genoux en priant Dieu. Je m'avançai sur le passavant de bâbord en me cramponnant aux manœuvres ; un jacobin, aumônier du vaisseau, me suivit, et le sieur Sir André, passager, vint après. Plusieurs gens de l'équipage nous imitèrent, et nous vînmes à bout de carguer cette voile, dont plus de la moitié était emportée. On voulut border le petit foc pour arriver, mais il fut déchiré comme une feuille de papier.

Nous restâmes donc à sec, en roulant d'une manière effroyable. Une fois, ayant lâché les manœuvres où je me retenais, je glissai jusqu'au pied du grand mât, où j'eus de l'eau jusqu'aux genoux. Enfin, après Dieu, notre salut vint de la solidité du vaisseau, et de ce qu'il était à trois ponts, sans quoi il se fût engagé. Notre situation dura jusqu'au soir, que la tempête s'apaisa. Une partie de nos meubles fut bouleversée et brisée ; plus d'une fois je me trouvai les pieds perpendiculaires sur la cloison de ma chambre.

(Bernardin de Saint-Pierre, *Voyage à l'Île de France.*)

L'écueil de l'art descriptif réside dans sa nature même.
La description trop longue devient monotone et ennuie.

La description, pour être bonne, doit être faite avec des détails, des sensations et des perceptions observés sur nature, ou évoquées d'après la nature.

M. Jules Lemaître a très bien exposé cette théorie :

« Nous passons, dit-il, près d'un arbre où chante un oiseau. La plupart de nos classiques et toutes les femmes (sauf une ou deux) écriront : « L'oiseau fait entendre sous le feuillage son chant joyeux. » Cette phrase n'est pas pittoresque : pourquoi ? C'est qu'on exprime par elle non pas le premier moment de la perception, mais le dernier. D'abord on décompose la perception ; on sépare, on distingue celle de la vue et celle de l'ouïe ; on met d'un côté le feuillage de l'autre le chant de l'oiseau, bien que dans la réalité on ait perçu en même temps le feuillage et la chanson. Mais on ne s'en tient pas là. Après avoir analysé la perception personnelle, on cherche à exprimer surtout le sentiment de plaisir qu'elle produit, et l'on écrit : « chant joyeux ». Et voilà pourquoi la phrase n'est pas vivante. Elle n'est pas une peinture, mais une analyse, et elle ne traduit pas directement les objets, mais les sentiments qu'ils éveillent en nous.

« Eh bien de tout temps, les femmes ont écrit et elles écrivent encore aujourd'hui comme cela (ou plutôt dans ce goût (car je ne tiens pas du tout à mon exemple ; je ne l'ai pris que pour la commodité). Et, si elles écrivent ainsi, c'est justement parce qu'elles sentent très rapidement, parce que pour elles une perception (ou un groupe de perceptions) se transforme tout de suite en sentiment et que le sentiment est ce qui les intéresse le plus, qu'elles en sont possédées, qu'elles ne vivent que par lui.

« Or, le style pittoresque (à son plus haut degré et dans la plupart des cas) me paraît consister essentiellement à saisir et à fixer la perception au moment où elle éclot, avant qu'elle ne se décompose et qu'elle ne devienne sentiment. Il s'agit de trouver des combinaisons de mots qui évoquent chez le lecteur l'objet lui-même tel que l'artiste l'a perçu avec ses sens à lui, avec son tempérament particulier. Il faut remonter, pour ainsi dire, jusqu'au point de départ de son impression, et c'est le seul moyen de la communiquer exactement aux autres. Mais ce travail, les femmes en sont généralement incapables, pour la raison que j'ai dite.

« Pourtant Mme de Sévigné l'a fait, cette fois, par une grâce spéciale, par une faveur miraculeuse. Elle a su fixer le premier moment de la perception, celui où l'on perçoit à la fois le feuillage et le chant. « C'est joli, dit-elle, une feuille qui chante ! »

« Mais là encore ne vous semble-t-il pas que la femme se trahisse, quand même, dans le tour de phrase ? On dirait qu'elle se sait bon gré d'avoir trouvé cela ; elle a l'air de penser : « C'est joli aussi, mon alliance de mots, qu'en dites-vous ? »

« Tous les hommes qui ont cherché l'expression pittoresque, de La Fontaine à M. Edmond de Goncourt, écriront tout uniment : « La feuille chante ».

Tout cela est d'une grande justesse et prouve que les vrais écrivains n'ont pas d'autres principes que ceux que nous enseignons.

Maintenant que nous avons décomposé les procédés descriptifs d'Homère et que nous avons vu de quelle façon les meilleurs auteurs les ont exploités, essayons nous-mêmes, d'après ces principes, de développer un canevas descriptif.

Nous allons d'abord exposer la matière ; puis nous tacherons de l'exploiter.

1er exemple :

La Morgue du mont Saint-Bernard.

Supposons que nous ayons à décrire la morgue de l'hospice du mont Saint-Bernard. On y expose les morts qu'on a trouvés ensevelis dans la neige. Comme il fait très froid, les cadavres se conservent indéfiniment. C'est un sujet lugubre, mais qui rendra le procédé saisissant.

Que ferait Homère devant un tel sujet ? Il décrirait les victimes une à une, à l'aide de quelques traits ; il montrerait chaque attitude, chaque physionomie, chaque personne.

Vous allez donc imaginer le portrait physique de chaque corps, comme s'il posait devant vous, l'un debout, l'autre penché, celui-ci très grand, bouche béante, cet autre de profil, les yeux clos. Vous trouverez deux ou trois détails pour caractériser chacun d'eux, expressions de figure différente, habillements dissemblables, etc.

Essayons, en nous souvenant d'isoler chaque trait, de faire visible et court.

Ces morts, alignés dans une pose vivante, étaient épouvantables à voir. Ils ressemblaient à des gens ivres, qui s'appuieraient pour ne pas tomber, ou à des mannequins de grandeur naturelle, qu'on aurait posés contre un décor de théâtre.

Un porte-balles, sac au dos, en veston de laine bleue, avait la tête renversée en arrière. Son ventre se bombait en avant, entre ses bras qui pendaient. Ses yeux fixaient le plafond. Les poils roux de ses moustaches se hérissaient tout droits sous les narines. La bouche était demeurée ouverte, et on voyait sa langue au fond de son gosier.

A côté de lui, un vieux en guêtres de cuir se tenait si courbé, que son front lui touchait les genoux. Ses mains aussi pendaient, la paume tournée en dehors, tous les doigts écartés. Son crâne chauve brillait comme de l'ivoire ; à chacune de ses tempes bouffait une touffe de cheveux gris.

Plus loin, un grand brun, hâlé, de haute taille, dépassait tous les autres des épaules. Il était si bien planté, qu'on l'eût dit cloué au mur. Coiffé d'une casquette, il vous considérait avec un affreux rire lui élargissant la bouche jusqu'aux oreilles. Celui-là vous saisissait. C'était, sans le vouloir, toujours lui qu'on regardait.

Il y en avait un autre, vêtu d'un sarrau bleu, dont la tête touchait le sol. L'affaissement du corps ayant accroché le sarrau à un clou placé derrière lui, il avait l'air d'être pendu à la muraille par un bout de sa blouse.

Un autre, en chapeau de feutre, avec un foulard noué sous le menton, était accoté de flanc, la joue collée au mur, où son profil se détachait plus nettement qu'un masque de cire, etc…

Ceci n'est qu'un simple essai ; mais en travaillant ce brouillon, en tâchant de donner le relief et le détail circonstancié à la façon d'Homère, vous pourriez peut-être faire une description qui ne serait pas banale et qui donnerait l'impression du vu.

2e exemple :
Napoléon à Waterloo.
Prenons un autre exemple chez un auteur connu.

Vous voulez faire raconter par un soldat, au moment de la bataille de Waterloo, le passage à cheval de Napoléon Ier, entrevu au loin, dans le fourmillement d'une armée.

Si vous restez fidèle au procédé homérique, vous vous contenterez de deux ou trois détails matériels ; mais bien caractéristiques, qui donneront la vision de l'Empereur. Napoléon était en capote grise et, à cette époque, un peu gros, un peu voûté. Voilà les deux traits qu'il faudra faire voir, dans la rapidité d'une lointaine revue à cheval, au milieu de l'acclamation des soldats. Rapidité, acclamation, aspect physique de l'Empereur, tout est là, et quelques lignes suffiront.

Essayez d'écrire la scène et, quand elle sera faite, comparez-la au tableau que nous en donnent Erckmann-Chatrian :

Je me souviens qu'on entendit tout à coup à gauche s'élever, comme un orage, les cris de : Vive l'Empereur ! et que ces cris se rapprochaient en grandissant toujours ; qu'on se dressait sur la pointe des pieds en allongeant le cou... Les chevaux eux-mêmes hennissaient, comme s'ils avaient voulu crier... En ce moment, un tourbillon d'officiers généraux passa devant notre ligne, ventre à terre. Napoléon s'y trouvait. Je crois bien l'avoir vu, mais je n'en suis pas sûr ; il allait si vite et tant d'hommes levaient leurs schakos au bout de leurs baïonnettes, qu'on avait à peine le temps de reconnaître son dos rond et sa capote grise au milieu des uniformes galonnés...

Quand nous disons que la description doit être matérielle, cela veut dire qu'il faut à tout prix *faire voir, peindre, montrer* ; pour cela, il faut voir soi-même. D'où la nécessité de décrire d'après la vie.

Sans doute il est difficile de voir d'après nature des scènes imaginées, batailles, disputes... en un mot tout ce qui compose l'infinie variété des choses décrites dans un livre. Nous avons dit plus haut comment on peut y suppléer.

Pour les tableaux de nature, il est aisé de les faire sur place, et nous avons montré que c'est précisément ce qui fait le mérite des descriptions.

Les exemples de mise en valeur de notes de ce genre pourraient être nombreux.

Citons-en quelques-uns. Vous avez pris, par exemple, chez vous, les notes suivantes, à une époque où vous habitiez une petite ville, un jour qu'il neigeait :

3ᵉ exemple :

Chute de neige.

On se secoue les pieds en entrant sur le seuil. Petit vent sifflant aigu et doux au dehors. La neige tombe : flocons tantôt passant vite, tantôt des plumes en l'air. Bruit de pelles sur les portes pour racler la neige. On entend parler sans entendre marcher. Neige sur l'ardoise de la fenêtre, qui obstrue les persiennes. Le moindre bruit frappe dans le grand silence. Part un vol d'oiseaux dans la campagne fixe. La neige poudre tout, en farine. De la poudre mélangée à de gros flocons. Lumière blanche immobile dans les appartements. Dehors on a beau écouter, on n'entend rien ; rien que le sifflement doux et continu du petit vent. La neige tombe toujours.

On pourrait avec ces lignes faire une description. Il n'y a plus qu'à mettre ces notes en français, avec le moins de littérature et le moins de phrases possible. Essayons.

J'ouvris ma fenêtre. Il neigeait. De rares passants, qu'on n'entendait pas marcher, longeaient les trottoirs d'un air pressé. Des voisins se secouaient les pieds en rentrant chez eux. Un petit vent aigre ne cessait pas de souffler, emportait la neige, l'éparpillait en poudre fine. C'étaient tantôt de larges flocons ; tantôt des plumes légères qui ne parvenaient pas à tomber ; puis une sorte de poussière volante. Le grand silence de la rue n'était troublé que par le bruit des pelles que remuaient deux ou trois bonnes femmes raclant la neige devant leurs portes. La couche blanche était si épaisse sur l'ardoise de ma fenêtre, que j'eus de la peine à rabattre mes persiennes. Je regardais un instant cette poussière fine, qui poudrait tout, les toits, les pavés, les saillies des façades, et renvoyait dans ma chambre une réverbération immobile. Sans le froid qui me prenait, j'aurais passé des heures à écouter cette neige tombant toujours, ce bruit dissous, imperceptible, dans le sifflement continu du petit vent glacé, qui ne dérangeait rien...

On peut ainsi se choisir soi-même des sujets et, Homère sous les yeux, essayer de les développer d'après le procédé de sensations vraies et de copie réelle.

Un exemple encore pour finir :

4ᵉ exemple :

Vous voulez décrire la fin d'un beau jour en plein désert, un site d'Égypte. Je suppose que vous écriviez sur place. Bien des détails vous frapperont. Vous pourrez tracer des pages et des pages :

A droite et à gauche, des rochers ; au fond, le désert immense, le sable, sa couleur, ses vagues, ses aspects. Plus loin, les montagnes de Lybie, leurs nuances, leurs vapeurs, leurs contours, dégradation, etc. Au nord, des nuages échelonnés : bien des images se présenteront. Enfin l'aspect total de la terre, fertile en évocations picturales, avec la poussière de la lumière éparse partout.

Vous pouvez, avec ces notes, faire une interminable description, chatoyante et féconde, dans le genre de Théophile Gautier ; mais une ou deux fortes sensations sur chaque objet : le sable, la montagne, les nuages et la lumière foudroyante, suffiront sous la plume d'un maître, à donner l'intense et concise description que voici :

La vue est bornée à droite et à gauche par l'enceinte des roches. Mais, du côté du désert, comme des plages qui se succéderaient, d'immenses ondulations parallèles d'un blond cendré s'étirent les unes derrière les autres, en montant toujours ; — puis au-delà des sables, tout au loin, la chaîne libyque forme un mur couleur de craie, estompé légèrement par des vapeurs violettes. En face, le soleil s'abaisse. Le ciel, dans le nord, est d'une teinte gris-perle, tandis qu'au zénith des nuages de pourpre, disposés comme les flocons d'une crinière gigantesque, s'allongent sur la voûte bleue. Ces rais de flamme se rembrunissent, les parties d'azur prennent une pâleur nacrée ; les buissons, les cailloux, la terre, tout maintenant paraît dur comme du bronze ; et dans l'espace flotte une poudre d'or tellement menue, qu'elle se confond avec la vibration de la lumière.

(G. Flaubert, *La Tentation de saint Antoine.*)

Voici encore la grande impression de solitude que donne Flaubert, après avoir décrit les ruines d'un ancien château féodal. C'est par un ciel blanc, sans nuage, mais sans soleil. La solitude de la campagne. Quelques traits suffisent à l'écrivain :

On n'entendait aucun bruit, les oiseaux ne chantaient pas, l'horizon même n'avait point de murmure, et les sillons vides ne vous envoyaient ni les glapissements des corneilles ni le *bruit doux du fer des charrues.* Nous sommes descendus, à travers les ronces et les broussailles, dans une douve profonde et sombre, cachée au pied d'une grande tour qui se baigne dans l'eau et dans les roseaux. Une seule fenêtre s'ouvre sur un de ses pans, un carré d'ombre coupé par la raie grise de son croisillon de pierre. Une touffe folâtre de chèvrefeuille sauvage s'est pendue sur le rebord et passe au dehors sa bouffée verte et parfumée. Les grands mâchicoulis, quand on lève la tête, laissent voir d'en bas, par leurs ouvertures béantes, le ciel seulement ou quelque petite fleur inconnue qui s'est nichée là, apportée par le vent, un jour d'orage, et dont la graine aura poussé à l'abri, dans la fente des pierres.

Tout à coup un souffle *est venu, doux et long, comme un soupir qui s'exhale*, et les arbres dans les fossés, les herbes sur les pierres, les joncs dans l'eau, les plantes des ruines et les gigantesques lierres qui, de la base au faîte, revêtaient la tour sous leur couche uniforme de verdure luisante, *ont tous frémi et clapoté leur feuillage* ; les blés dans les champs ont roulé leurs vagues blondes, qui s'allongeaient, s'allongeaient toujours sur les têtes mobiles des épis ; la mare d'eau s'est ridée et a *poussé un flot sur le pied de la tour* ; les feuilles de lierre ont *toutes frissonné ensemble* et un pommier en fleur *a laissé tomber ses boutons roses*.

(Flaubert, *Par les champs et par les grèves*.)

Dans la description des jeux qui terminent l'*Iliade*, voici par quelles simples sensations très frappantes, Homère montre les coureurs :

Ils se placèrent de front, et Akhilleus leur montra le but, et ils se précipitèrent. L'Oiliade les devançait tous ; puis, venait le divin Odysseus. Autant la navette qu'une belle femme manie habilement, approche de son sein, quand elle tire le fil à elle, autant Odysseus était proche d'Aias, *mettant ses pieds dans les pas de celui-ci, avant que leur poussière se fût élevée*. Ainsi le divin Odysseus chauffait *de son souffle la tête d'Aias*.

C'est le procédé, nous l'avons dit, qu'on retrouve toujours chez Flaubert, comme dans ce passage (les moines donnant la chasse aux Ariens) :

La foule s'arrête, et regarde du côté de l'occident, d'où s'avancent d'énormes tourbillons de poussière.

Ce sont les moines de la Thébaïde, vêtus de peaux de chèvre, armés de gourdins, et hurlant un cantique de guerre et de religion avec ce refrain : « Où sont-ils ? où sont-ils ? »

Antoine comprend qu'ils viennent pour tuer les Ariens.

Tout à coup les rues se vident, — et l'on ne voit plus que des pieds levés.

Les Solitaires maintenant sont dans la ville. *Leurs formidables bâtons, garnis de clous, tournent comme des soleils d'acier.* On entend le fracas des choses brisées dans les maisons. Il y a des intervalles de silence. *Puis de grands cris s'élèvent.*

D'un bout à l'autre des rues, c'est un remous continuel de peuple effaré.

Plusieurs tiennent des piques. Quelquefois, deux groupes se rencontrent, n'en font qu'un ; et cette masse glisse sur les dalles, se disjoint, s'abat. Mais toujours *les hommes à longs cheveux reparaissent.*

(Flaubert, *La Tentation de saint Antoine*.)

Description accumulative et description par amplification.

Ce qui rend la description insupportable, c'est l'interminable procédé d'accumulation et d'amplification.

1) Description accumulative ;

2) Description par amplification ;

Voilà les deux fléaux de l'art descriptif.

On tombe dans ces excès lorsqu'on se laisse aller à une imagination trop abondante, lorsqu'on prend l'intempérance pour une qualité, lorsqu'on ne s'astreint pas à regarder sobrement et à peindre d'après nature. C'est la force et non l'étendue qui fait l'intensité descriptive.

- Description accumulative :

La description accumulative consiste à entasser inutilement les détails.

On cherche l'effet ; on n'atteint que l'ennui ; il est plus difficile de bien employer son talent que d'avoir du talent.

Sans citer les interminables hors-d'œuvre critiqués par Boileau chez les auteurs de son temps, nos poètes et prosateurs contemporains abondent en exemples d'accumulation descriptive.

M. Émile Zola reste le type de cette manie de décrire qui ravage notre littérature.

Ses livres ne sont qu'un entassement de détails. Il en a pris son parti. C'est son procédé.

La description de Paris fait tous les frais d'*Une page d'amour.* Il décrit Paris vu des hauteurs de Passy, Paris vu la nuit, l'illumination quartier par quartier, rue par rue, Paris vu sous la pluie, la pluie à droite, à gauche, au fond, dans le lointain, monument par monument, Paris au soleil, sous les nuages. Il enfile la Seine, ce sont les Invalides, les Champs-Elysées, l'Hôtel de Ville ; puis les becs de gaz, puis les étoiles, etc., etc.

La nuit arrive. Les becs de gaz s'allument. Lisez ceci :

Paris entier était allumé. Les petites flammes dansantes avaient criblé la mer de ténèbres d'un bout de l'horizon à l'autre, et maintenant leurs milliers d'étoiles brûlaient avec un éclat fixe, dans une sérénité de nuit d'été. Pas un souffle de vent, pas un frisson n'effaraient ces lumières, qui semblaient comme suspendues dans l'espace. Paris, qu'on ne voyait pas, en était reculé au fond de l'infini, aussi vaste qu'un firmament. Cependant, en bas des pentes du Trocadéro, une lueur rapide, les lanternes d'un fiacre ou d'un omnibus, coupait l'ombre de la fusée continue d'une étoile filante ; et là, dans le rayonnement des becs de gaz, qui dégageaient comme une buée jaune, on distinguait vaguement des façades brouillées, des coins d'arbres, d'un vert cru de décor. Sur le pont des Invalides, les étoiles se croisaient sans relâche ; tandis que, en dessous, le long d'un ruban de ténèbres plus épaisses, se détachait un prodige, une bande de comètes dont les queues d'or s'allongeaient en pluie d'étincelles ; c'étaient, dans les eaux noires de la Seine, les réverbérations des lanternes du pont. Mais, au-delà, l'inconnu commençait. La longue courbe du fleuve était indiquée par un double cordon de gaz, que rattachaient d'autres cordons, de place en place ; on eût dit une échelle de lumière, jetée en travers de Paris, posant ses deux extrémités au bord du ciel dans les étoiles.

Et cela dure pendant des pages, avec un véritable parti pris de monotonie. On voit le péril qu'il y aurait, pour des écrivains ordinaires, à imiter un procédé inadmissible même chez des écrivains supérieurs.

- La description par amplification :

L'amplification descriptive est également un procédé d'accumulation, mais plus factice, avec moins de base réelle.

L'*accumulation* consiste dans l'abondance des détails juxtaposés. On dit trop de choses.

L'*amplification* exploite la rhétorique écrite, multiplie les comparaisons, dédouble les métaphores, varie les images, épuise les épithètes.

Dans l'*accumulation*, qu'on me permette le mot, on compose son plat avec une énorme quantité de petites choses.

Dans l'*amplification*, c'est la sauce qu'on allonge. M. Zola est encore le roi du genre.

Dans la *Faute de l'abbé Mouret*, il décrit un parc. On dirait une classification. Quand il entame les roses, toutes les espèces de roses y passent.

Autour d'eux les rosiers fleurissaient. C'était une floraison folle, amoureuse, pleine de rires rouges, de rires roses, de rires blancs... Il y avait là des roses jaunes effeuillant des peaux dorées de filles barbares, des roses paille, des roses citron, des roses couleur de soleil, toutes les nuances des nuques ambrées par des cieux ardents. Puis les chairs s'attendrissaient, les roses prenaient des moiteurs adorables... d'une finesse de soie, légèrement bleuie par le réseau des veines. La vie rieuse du rose s'épanouissait ensuite : le blanc-rose à peine teinté d'une pointe de laque, neige d'un pied de vierge qui tâte l'eau d'une source... fleurs en boutons, fleurs à demi ouvertes des lèvres soufflant le parfum d'une haleine tiède. Et les rosiers grimpants, les grands rosiers à pluie de fleurs blanches, habillaient tous ces roses, toutes ces chairs, de la dentelle de leurs grappes, de l'innocence de leur mousseline légère ; tandis que çà et là des roses lie de vin... Il y en avait de petites alertes, gaies, etc.

Cette débauche d'imagination continue, sans répit, sans variété, pour rien, pour le plaisir d'aligner des phrases.

Puis vient une description de toutes sortes de plantes à noms bizarres, pris dans les *Manuels Roret*. Et cela recommence, et cela dure pendant des pages, sans pitié pour le lecteur.

Des cortèges de pavot s'en allaient à la file, puant la mort, épanouissant leurs lourdes fleurs... Des anémones tragiques faisaient des foules désolées, au teint meurtri, tout terreux de quelque souffle épidémique. Des daturas trapus élargissaient leurs cornets violâtres où des insectes las de vivre venaient boire le poison du suicide. Des soucis sous leurs feuillages engorgés ensevelissaient leurs fleurs, des corps d'étoiles agonisants, exhalant déjà la peste de leur décomposition. Et c'étaient encore d'autres tristesses : les renoncules charnues…

La même symphonie recommence pour le jardin potager : description romantique des pruniers, abricotiers, cerisiers, pommiers, melons, citrouilles, pastèques, framboisiers, arbousiers, aliziers, grenadiers, citronniers, etc.

Puis ce sont les herbes, sainfoin, luzerne, coquelicots, boutons d'or…

Puis c'est la futaie, les grands arbres qui prennent des attitudes voulues, un langage, des poses spéciales, érables, ormes, bouleaux, platanes, mélèzes, chênes, tout cela décrit avec le même procédé que les roses.

M. Zola n'oublie pas les plantes grasses, si longuement décrites dans un de ses autres livres, *La Curée.*

Passe encore quand cette manie s'exerce sur des fleurs et des plantes ! Mais songez que M. Zola a appliqué la même méthode dans son *Ventre de Paris* à tous les genres de fromages, aux légumes, aux denrées, aux victuailles.

On le voit, il n'y a pas seulement ici accumulation de détails et de sensations ; c'est l'exploitation pure et simple d'une verve d'écrivain, une virtuosité d'images, un pétillement de mots, tout ce qu'on voudra, sauf une vraie description.

En dehors de ces deux excès, accumulatif et amplificatif, il y a d'autres abus descriptifs qu'on ne peut rigoureusement condamner, mais dont l'emploi demande une extrême réserve.

Depuis Flaubert, on trouve commode de traiter la description par alinéa. On s'interrompt, on va à la ligne, et on se met à décrire. Comme le morceau est servi à part, le lecteur le supprime et poursuit sa lecture.

Il faut, au contraire, mêler ses descriptions au récit ; elles doivent l'accompagner, le pénétrer, le soutenir, de façon qu'on ne puisse en omettre une ligne. Rien de factice. Pas de *morceau*. Tout doit faire corps.

La lecture de *l'Évangéliste* et de *l'Immortel* d'Alphonse Daudet sera, à ce point de vue, très utile. Il y a peu de livres où l'élément descriptif soit si étroitement assimilé à la trame du récit. Un autre défaut consiste à poser les détails côte à côte.

Le soleil se levait. Un coq chantait. La voiture se mit en marche. L'air fraîchissait. Le vent balançait les arbres. Il s'endormit.

Ou encore :

Il était midi ; les maisons avaient leurs volets fermés… Un vent lourd soufflait. Emma se sentait faible en marchant ; les cailloux du trottoir la blessaient. (Flaubert.)

Ce procédé sent l'artificiel. Mieux vaudrait faire de bonnes phrases. Mais la littérature contemporaine dédaigne l'architecture du style.

Cette façon de décrire, tirée au cordeau, est évidemment une formule. Mais c'est aussi une formule de bourrer ses phrases pour y mettre ce qu'on aurait pu isoler. Cet entassement de participes, d'incidents, d'épithètes, de bavures, sans gradations, sans perspective, finit par éblouir et par fatiguer. On sait à quel point les Goncourt en ont abusé.

La vérité, c'est qu'il n'y a pas de littérature sans formule, et que toutes sont bonnes, pourvu qu'elles expriment des choses excellentes. C'est le fond qui transfigure la forme.

Ce que nous pourrions ajouter sur la mauvaise description, le lecteur le trouvera dans un chapitre de notre précédent ouvrage.

Il faut éviter aussi l'emploi continu de la description de fantaisie, si voisine de la description-charge, où tombe si souvent Dickens. Un homme gros tourne chez lui au pot à tabac. Si la marmite bout, elle chante, on nous raconte ce qu'elle dit, etc. Des girouettes se meuvent comme des marionnettes qui font des signes… Des tourelles ont l'air de causer entre elles parce qu'elles sont rapprochées, etc. On voit le genre.

Les « défauts descriptifs » formeraient le sujet d'un volume.

Tenons-nous-en aux grands principes que nous avons posés.

[1] cf Antoine Albalat, dans *L'art d'écrire enseigné en vingt leçons*.

[2] cf Antoine Albalat, dans *La formation du style par l'assimilation des auteurs*.